어느 외계인의
인류학
보고서

경제 편

어느 👁 외계인의

인류학 보고서

경제 편

· · · · · · · · · · · · · · · · · · · ·

행복한 지구 생활을 위한
경제생활 십계명

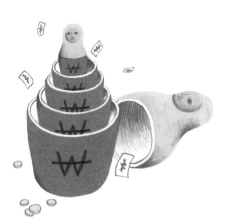

사□계절

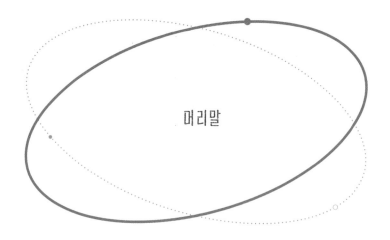

머리말

나는 몇 년 전 케이 팩스 행성에서 지구로 이주해 온 외계인들이 작성한 인류문화 보고서를 헌책방에서 발견하고 『어느 외계인의 인류학 보고서』라는 제목으로 책을 낸 적이 있다. 책을 낸 뒤에 외계인들이 나를 찾아오지 않을까 하는 기대가 있었다. 인류학자로서 외계인을 만나는 일은 가슴 두근거리는 멋진 일이 될 터였다.

그러나 외계인은 나타나지 않았고 시간이 흘러 그들을 거의 잊고 지낼 무렵, 내 앞으로 수상쩍은 택배가 하나 배달되었다. 상자를 열어 보니 원고 뭉치가 들어 있었다. 발신자의 이름도, 쪽지도 없었으나 그것이 외계인이 보낸 것임을 직감했다.

원고 뭉치는 인류의 경제생활을 다룬 것이었다. 가끔 외계인들을 떠올릴 때마다 그들이 잘 지내고 있는지 궁금했다. 사전에 인류 문화를 공부하고 지구를 찾아왔다고 해도 지구 생활에 적응하는 게 쉽지 않을 터였다. 특히 경제생활은 우리에게도 어려운 문제인데 그들은 어떨까?

그들이 보낸 보고서를 찬찬히 읽으면서 여러 번 감탄하며 무릎을 쳤다. 외계인들이 지구 경제의 뿌리부터 이해하려고 애쓴 흔적이 고스란히 담겨 있었기 때문이다. 그리고 보고서의 마지막에 환하게 웃는 이모티콘과 함께 이런 글이 있었다.

"우리는 잘 지내고 있습니다. 당신도 잘 지내기 바랍니다."

그 글을 보며 외계인들이 원고를 보낸 이유를 알 듯했다. 오늘날 지구는 유례없는 경제적인 풍요를 누리고 있지만, 한편으로 부의 편중과 재분배의 약화, 그에 따른 경제적인 불평등이 인류에게 고통을 안겨 주고 있다. 외계인들은 그 해법과 고민을 함께 나누고 싶었을 것이다. 왜냐하면 그들 역시 이제 지구인이니까.

외계인들은 경제가 중요하나 삶의 전부가 아님을 지구의 역사와 문화를 통해 설명하고 있었다. 외계인들의 이런 메시지를 함께 나누기 위해 다시 책을 내게 되었다. 아름답고 행복한 삶을 위해 이제는 지구인이 된 외계인과 함께 생각하고 고민해 보면 좋겠다.

차례

⋙ 경제생활 십계명 ⋘

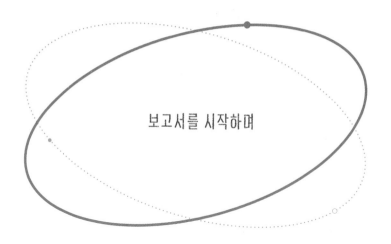

보고서를 시작하며

우리가 아름다운 고리를 떠나서 지구에 정착한 지도 벌써 몇 년이 지났다. 고향을 떠나 낯선 땅에서 사는 것은 힘든 일이지만 아름다운 고리의 이주민들은 지구에서의 삶에 적응하기 위해 애쓰고 있다.

우리는 지구의 아름다운 자연과 풍부한 먹을거리에 만족하고 있다. 우리는 급격한 기후 변화로 파괴된 아름다운 고리에서 한동안 누리지 못했던 행복을 지구에서 마음껏 누리며 살고 있다.

그렇다고 모든 것이 비단처럼 매끄러운 것은 아니다. 낯선 환경으로 이주했기 때문에 전혀 예상하지 못했던 일들이 많이 일어났다. 정착금으로 나누어 준 돈을 모두 도박으로 탕진하고 도박 중독에 빠진 이도 있고, 지구의 맛있는 음식을 날마다 탐닉해서 어마어마하게 살이 찐 이도 있다. 지구에서의 생활에 적응하지 못하고 고향인 아름다운 고리를 그리워하며 술에 빠져 사는 이도 있다.

하지만 대부분은 차근차근 지구 생활에 적응하고 있다. 지구에 정착하는 과정에서 우리가 꽤 힘들다고 느꼈던 것이 몇 가지 있다. 그 가운데 하나가 지구에서 '경제'라고 부르는 분야였다. 우리가 보기에 경제를 빼놓고는 지구의 생활을 이해할 수 없을 듯했다. 지구인의 몸에는 경제라는 피가 흐르는 것처럼 보였기 때문에 경제를 모르고서는 우리가 진정한 지구인이 될 수 없을 것 같았다.

다행히 아름다운 고리에는 지구에서 귀중하게 여기는 금과 다이아몬드가 많이 묻혀 있었기 때문에 그것을 가져와 우리가 살 집을 포함해서 경제생활에 필요한 것을 모두 갖출 수 있었다. 그러나 언젠가 우리가 가진 금과 다이아몬드는 바닥을 드러낼 것이다.

우리는 지구인들과 함께 어울려 살기 위해서 지구인들의 경제관념에 대해서도 알아야 하고 지구 생활에 필요한 돈을 벌기 위해 노동도 해야 한다고 판단했다. 언제까지나 놀고먹을 수는 없다.

하지만 지구의 경제에 익숙하지 못한 아름다운 고리인들에게 경제에 대해 알려 주는 것은 쉬운 일이 아니었다. 그래서 우리(지구정착위원회)는 지구의 경제를 이해할 수 있는 경제 교과서를 만들기로 했다.

아름다운 고리를 떠나오기 전에 지구 문화를 분석한 인류학 보고서를 만들어 지구에 정착하는 데 필요한 기본적인 내용을 익힌 것처럼 경제에 대해서도 새롭게 알아야 할 필요가 있다고 생각했다.

아름다운 고리의 이주민들이 쓸 경제 교과서를 만들기 위해 우리는 먼저 지구의 경제를 설명하는 경제학이라는 학문에 대해 연구하고 분석했다. 그런데 경제학은 오늘날 지구 경제의 흐름과 현상에 대해서는 잘 설명해 놓았지만, 무엇인가가 빠져 있었다. 바로 사람 말이다. 우리에게는 어려운 도표나 수식보다는 생활 속에 적용할 수 있는 경제와 물질에 대한 설명이 필요했다.

우리의 목적은 아름다운 고리의 이주민들이 지구의 경제생활을 이해하고 그를 통해 자연스럽게 지구인이 되는 것이다. 즉 경제 자체가 아니라 경제를 통한 지구인의 이해였다. 달리 말하면 '경제생활을 하는 인류에 대한 이해'가 우리가 원하는 바였다.

우리는 궁리 끝에 다시 인류학자들의 도움을 받기로 했다. 다행스럽게도 인류학 내에 경제를 중심으로 인류의 생활을 다루는 경제인류학이라는 분야가 있었다. 경제인류학을 연구하면서 우리가 생각해 왔던 경제관념과 지구인들의 그것이 크게 다르지 않다는 것을 알게 되었고, 그를 통해 오늘날 인류가 누리는 물질생활에 대해 잘 이해할 수 있게 되었다.

우리는 원하는 것을 찾았다. 그리고 이것을 어떻게 아름다운 고리의 이주민들에게 더욱 명확하게 전달할 것인지 다시 고민에 빠졌다. 그래서 우리는 지구에서의 원활한 경제생활을 위한 '경제생활 십계명'이라는 것을 만들었다. 십계명이란 지구 종족 가운데 하나인 유대인의 지도자였던 모세가 그들의 신인 야훼로부터 받은 열 가지 계명을 뜻하는 말이다.

이 보고서에는 인류학자들이 연구한 것을 토대로 해서 우리가 만든 지구 경제의 기본적인 내용과 '경제생활 십계명'이 들어가 있다. 모쪼록 아름다운 고리의 이주민들에게 이 보고서가 지구에서 행복한 삶을 마음껏 누리는 데 도움이 되기를 기원한다.

아름다운 고리 지구정착위원회

지구에서 경제생활을 하기 위해
알아야 할 것들

아름다운 고리와 지구의 경제

．．．

우리가 지구에 대한 정보를 얻는 신문이나 방송과 같은 미디어에서는 하루도 거르지 않고 경제에 대해 다루고 있다. 지구인들이 즐겨 찾는 '유튜브'(YouTube)에서 경제라는 낱말로 검색을 하면 평생을 보아도 다 보지 못할 정도로 많은 내용이 쏟아져 나온다. 지구인들이 늘 사용하는 SNS에서도 경제, 구체적으로 돈 이야기가 마르지 않는 샘처럼 끊임없이 쏟아지고 있다.

그런 모습을 보고 있노라면 지구인들의 머릿속은 경제나 돈에 대한 생각으로 꽉 차 있는 듯하다. 실제로 우리가 만나는 지구인들은 자연의 아름다움, 삶의 즐거움보다는 돈, 연봉, 주식 등의 이야기를 더 많이 한다.

연봉이나 주식, 키와 몸무게, 성적 등 뭐든 숫자로 표현하는 지구인들을 보면 지구인이 된다는 것이 얼마나 힘든지를 새삼 느끼게 된다. 그래서 숫자에 자신이 없는 아름다운 고리의 이 주민들은 처음에 경제 발전이 더딘 지역이나 숲이 많은 한적한 지방을 거주지로 선택하기도 했다.

　지구인들은 세상 무엇이든 모조리 돈과 관련해서 생각하는 듯이 보인다. 돈으로 사람을 평가하고 가격으로 집을 평가한다. 아름다운 집을 보면서 그 아름다움보다는 가격이 얼마인지를 통해 그 집의 가치를 생각한다는 말이다. 미래를 향한 꿈과 희망, 사람 사이의 믿음까지 돈과 연결해서 생각하고, 심지어 선물도 돈으로 받기를 원하는 사람이 많다는 발표를 보면서 지구의 경제가 우리가 살았던 아름다운 고리와 크게 다르다는 것을 깨달았다.

　우리가 가장 놀란 것은 아름다운 고리와 달리 지구에서는 돈이 최고의 힘(권력)을 지닌 것임을 알았을 때였다. 처음에는 쉽게 이해가 되지 않았다. 돈은 사람들이 편리하게 살기 위한 수단일 뿐인데 지구인들은 돈을 거의 신처럼 숭배하고 있었다.

　왜 지구인들은 돈을 최고로 생각하게 된 걸까?

　사실 지구에 사는 인류의 삶을 연구하고 조사하는 과정에서 가장 이해하기 힘든 말 가운데 하나가 경제였다. 여기저기서 자주 쓰지만 정확한 말뜻을 알기는 어려웠다. 사실 지구인들도 잘 모르고 있는 듯했다.

지구말 사전에서는 경제를 "인간의 생활에 필요한 재화나 용역을 생산·분배·소비하는 모든 활동. 또는 그것을 통하여 이루어지는 사회적 관계"라고 풀이해 놓았다. 그러니까 사람이 살아가려면 꼭 있어야 하는 먹을 것과 옷, 집과 같은 의식주를 비롯해 사람들에게 필요한 물건을 만들거나 사고파는 것을 가리키는 말인 듯했다. 그리고 사회적 관계라는 말에서 '혼자'가 아니라 '함께' 이루어지는 것임을 짐작할 수 있다.

우리가 지구의 경제를 쉽게 이해할 수 없었던 것은 머리가 나빠서가 아니라(우리는 머리가 큰 만큼 머리가 좋다) 아름다운 고리의 경제와 지구의 경제가 서로 다르기 때문이다.

우리가 살았던 아름다운 고리는 태양의 노화로 인해 오랫동안 기후 변화에 시달려야 했다. 고통스러운 추위와 더위가 번갈아 찾아왔고 그 때문에 먹을 것을 비롯해 생활에 필요한 물건이 모자랐다. 그 모자란 물건을 서로 차지하기 위해 사람들은 다툼을 벌였고 심지어 친구와 이웃까지 적으로 만들었다. 당시 아름다운 고리는 파멸을 향해 가는 불행한 행성이었다. 많은 주민이 죽었고 살아남은 주민들도 심한 고통을 겪어야 했다.

우리는 그렇게 살 수 없다고 생각하고 함께 살 수 있는 방법을 고민했다. 생활에 필요한 물건을 공정하게 나누고 서로를 배려하는 사회를 만들려고 애썼다. 무엇보다 다른 사람과 함께 사는 사회를 만들려고 했다. 우리는 무엇이든 나누기 시작했다. 옷이든 먹을 것이든, 심지어 집까지도 사회에서 정한 규칙만 따르면 쉽게 얻을 수 있었다.

또 기후 변화와 함께 잃어버린 사랑과 믿음, 꿈을 함께 공유하려고 했다. 그리고 과학을 이용해 우리가 살아갈 땅을 계속 찾았고, 오랜 시간이 흐른 뒤 은하계 구석에서 지구를 찾아내 이주했다.

아름다운 고리에서 우리는 오랫동안 돈을 중심으로 하는 경제생활을 하지 않았다. 그런데 지구의 인류는 그렇지 않다. 의식주를 비롯한 물질생활뿐만 아니라 많은 것들이 '돈'이라고 부르는 것을 내야 얻을 수 있다. 바로 이 부분이 우리 아름다운 고리와 지구의 가장 큰 차이였다.

돈을 중요하게 생각하는 지구인의 모습은 당황스럽고 충격적이기도 했다. 우리는 지구인들이 '문화 충격'(culture shock)이라고 부르는 것을 겪어야 했다. 이주해 온 초기에 어떤 이주민이 마트에서 돈을 내는 것을 잊고 물건을 갖고 나오다가 경찰서에 끌려간 일도 있었다.

돈에 대한 생각도 충격적이지만 물질에 대한 생각도 이해할 수 없는 부분이 많았다. 아름다운 고리의 이주민들은 지구인이 되기 위해 고귀하고 아름다운 삼등신의 몸을 버리고 막대 과자처럼 길쭉한 모습으로 몸을 바꾸어야 했다. 몇 년이 지났지만, 팔등신이 아름답다고 여기는 지구인들의 생각과 그런 몸에는 여전히 적응이 되지 않는다. 머리와 몸과 다리가 정확하게 3분의 1씩 나누어져 있는, 그래서 우리가 황금 비율이라고 부르는 원래의 몸이 늘 그립다. 아름다운 고리에는 이런 말이 있다.

"큰 머리에 위대한 정신이 깃든다."

그래서인지 지구에서 유행하는 다이어트는 우리가 도저히 이해할 수 없는 어려운 수수께끼와 같다. 지구인들에게 소리쳐 묻고 싶다. 작은 얼굴과 마른 몸이 어디가 좋단 말인가. 더 이해할 수 없었던 것은 지구인들이 자동차나 집과 같은 물질은 큰 것을 원한다는 것이었다.

"자동차와 집과 냉장고는 크면 클수록 좋다."

이것이 지구인들이 생각하는 물질생활의 기준인 것 같았다. 이렇게 큰 것이면 무조건 좋다고 생각하는 '자이갠티즘'(Gigantism)이 지구인의 머릿속을 차지하고 있는 듯하다.

그러니까 몸은 마르고 긴 것이 좋고 물건은 크면 클수록 좋다고 믿는 것 같다. 그러나 우리는 큰 자동차나 냉장고보다는 위대한 영혼이 깃든 큰 머리가 훨씬 좋다. 그렇지 않은가?

문화의 유행

그렇다고 우리가 옳고 지구인들이 틀렸다는 말은 아니다. "로마에 가면 로마의 법을 따라야 한다."는 지구인들의 말처럼 우리가 지구의 생활에 적응해야 한다.

지구 생활에 적응하기 위해 돈과 물질에 대한 생각의 차이가 어디에서 발생했는지 이리저리 연구하고 조사하는 과정에서 매우 흥미로운 사실을 알아냈다.

사실 아름다운 고리에도 오래전에 지구처럼 돈을 내고 물건을 사야 했던 시대가 있었다. 그런데 마찬가지로 지구에도 아름다운 고리처럼 돈을 쓰지 않거나 돈을 별로 중요하게 여기지 않았던 시대가 있었던 것이다.

이는 매우 놀라운 발견이었다. 우리는 이 발견을 통해 지구를 잘 이해하게 되었기에 안도의 한숨을 내쉬었다. 지구와 아름다운 고리의 경제는 겉으로 보기에 완전히 다른 것처럼 보이지만 서로 비슷한 점도 많았다. 어쩌면 상대방의 경제가 달라 보이는 것은 서로 다른 시대를 살았기 때문일지도 모른다.

그것은 옷의 유행을 생각해 보면 쉽게 이해할 수 있다. 지구도 그렇고 아름다운 고리에도 유행이라는 게 있었다. 과거에 유행했던 옷을 보면 어딘가 촌스럽고 우스꽝스러운 느낌을 준다. 그러나 유행은 돌고 도는 것이기에 시간이 지나면 복고라는 이름으로 다시 과거의 것이 유행한다.

예를 들면 몸에 딱 달라붙는 옷이 유행하다가 품이 풍성한 옷들이 유행하고, 시간이 지나면 몸에 딱 달라붙는 옷이 다시 유행하는 것에 비유할 수 있다. 그러니까 옷의 유행보다는 훨씬 긴 시간이 필요하겠지만 돈이나 경제에 대한 생각 역시 돈이나 경제로 대표되는 물질문화가 우세할 때가 있고(오늘날의 지구가 그렇다), 우리의 고향 아름다운 고리가 그랬던 것처럼 사랑이나 자비, 우애, 열정 등으로 대표되는 정신문화가 우세할 때가 있다는 말이다.

이에 따라 말하자면 오늘날의 지구는 자본주의로 대표되는 물질문화가 유행하는 시대이다. 지구의 고대에도 오늘날처럼 물질문화가 우세했던 때가 있었다. 그러다가 고대 후반에 이르러 정신문화의 맏형 역할을 했던 종교가 큰 힘을 얻으면서 정신문화가 매우 성행했다. 기원전 6세기를 전후해서 인류가 고대의 스승으로 여기는 공자와 석가모니, 소크라테스, 자라투스트라 등이 한꺼번에 등장한 것도 이 때문이다.

그런데 근대 후반부터 종교보다 과학이 우세해지면서 물질문화가 지구인들의 마음을 사로잡고 있다. 앞으로 언젠가는 다시 정신문화가 유행하고 힘을 얻을지도 모르지만 지금은 어쨌든 물질문화가 우세하다.

물론 정신과 물질을 나누는 것 자체가 우스운 일이고, 정신문화와 물질문화 가운데 어느 하나가 더 훌륭하고 뛰어나다는 것은 아니다. 서로 조화를 이루는 것이 가장 좋다. 하루는 낮과 밤으로 나뉘지만 정확하게 열두 시간씩 나뉘는 게 아니라 하지와 동지를 기준으로(한국에서 계절을 나누는 기준인 24절기로 말해 보자면) 낮이 길어지기도 하고 밤이 길어지기도 하는 것처럼, 정신문화와 물질문화 또한 왔다 갔다 하면서 한쪽이 더 우세해질 때도 있다. 그것은 아이들이 좋아하는 시소를 닮았다. 한쪽이 올라가면 다른 한쪽이 내려간다는 점에서 그렇다.

가장 소중한 것

아름다운 고리와 지구의 경제가 서로 다른 것은 이렇게 각자 소중하다고 여기는 것이 다르기 때문이다.

아름다운 고리에서는 지구에서 말하는 복지 사회를 추구했다. 우리가 복지 사회를 지향했던 이유를 한마디로 말하면 '행복의 추구'를 최우선으로 여겼기 때문이었다. 의식주와 교육, 의료 등 생활에 꼭 필요한 것들이 있지만 아름다운 고리의 조상들은 그것 자체가 행복을 주는 것이 아님을 알게 되었다. 그것들은 수단이지 목적이 아니다. 기후 재앙을 겪으며 새로운 공동체를 만들어 가면서 우리를 행복하게 해 주는 것이 무엇인지를 고민했다.

아름다운 고리의 조상들은 세상에서 가장 소중한 것은 인간이라고 판단했다. 그래서 그 인간의 아름답고 행복한 삶이야말로 더없이 소중한 것이라고 여겼다. 여기까지는 지구인도 다르지 않을 것이다. 다만 아름다운 고리의 조상들은 진정 우리를 행복하게 해 주는 것이 사랑과 믿음이 깔린 즐거운 대화, 마음을 두근거리게 만드는 열정, 여러 사람과 어울리는 취미 생활, 아름답고 따뜻한 인간관계 등이라고 생각했다. 개인이 홀로 느끼는 행복도 있지만, 함께할 때 느끼는 행복이 중요하다고 생각했다.

아름다운 고리는 행복한 삶, 행복한 인간관계를 위해서 많은 것을 바꾸었다. 그 가운데 하나가 물질에 대한 집착으로 인간관계가 틀어지지 않도록 생활에 필요한 물건을 무료 또는 저렴한 가격에 제공하는 것이었다.

물론 처음에는 혼란이 찾아왔다. 개인의 재산과 소유에 집착하는 주민들의 반대가 심했다. 특히 많은 것을 가지고 있던 주민들은 크게 반발했다. 또 필요한 것을 손쉽게 손에 넣을 수 있게 되면서 일을 하지 않고 놀기만 하는 주민들도 생겨났다.

아름다운 고리의 조상들은 더욱 오랜 시간 동안 머리를 맞대고 법이나 관습, 생각의 변화 등을 통해서 함께 행복하게 사는 시스템을 찾아냈다. 그렇다고 해서 지구에서 흔히 말하는 공산주의를 받아들인 것은 아니다. 굳이 표현하면 휴머니즘(인간주의) 정도로 이해하면 될 듯하다. 그리고 휴머니즘을 제도로 구현해 내는 것은 매우 어렵고 섬세한 과정이었다는 것 정도만 말해 두자.

우리는 물질에 대해 이렇게 생각했다.

"필요한 물건은 필요할 때 있으면 된다. 물건은 우리의 생활을 편리하게 해 주는 것이지 우리의 행복에 절대적인 것은 아니다."

우리는 지구의 문헌을 살피다가 아름다운 고리의 주민일 것으로 추측되는 어떤 사람을 발견했다. 그는 이런 말을 남겼다고 한다.

"가장 중요한 건 눈에 보이지 않는다."

이 말은 아름다운 고리 사람들이 입에 달고 사는 말이었다. 그렇다. 사랑이나 즐거움, 아름다움 등은 눈에 보이지 않는다. 지구인들은 그를 '어린 왕자'라고 부르는 모양이다. 지금 어린 왕자는 자기의 말을 세상에 전한 작가인 생텍쥐페리와 함께 우주여행을 하고 있다고 한다.

오늘날 지구인들은 집이나 돈, 자동차처럼 눈에 보이는 것을 더 중요하게 생각하는 듯하다. 그러나 지구의 인류도 어린 왕자나 우리처럼 생각했던 시대가 있었다.

집사였던 지구인의 경제

앞에서 말한 것처럼 아름다운 고리에서 물질은 우리의 행복한 삶을 위한 보조 수단 정도였다. 그런데 지구인들은 물질을 위해 살아가는 듯했다.

예를 들면 맛있는 음식을 먹고 싶은데 돈이 없다는 이유로 먹지 못한다는 것은 너무나 불행한 일이다. 오늘날 지구에서는 전체 인류가 먹을 수 있는 양보다 두 배의 식량이 생산되지만, 지구인의 3분의 1 이상이 굶주린다. 우리는 이 말을 듣고 너무 놀랐다. 풍부한 물질을 행복해지는 데 쓰지 않는 이유는 무엇일까? 지구 한쪽에서는 살이 쪄서 다이어트를 하고 있는 데 다른 한쪽에서는 먹지 못해 병에 시달리고 심지어 굶어 죽는 아이들이 있다는 것은 도저히 이해할 수 없는 일이다.

그런데 지구의 모습이 예전부터 이랬던 것은 아니다. 요즘 지구인들이 들으면 좀 엉뚱하다고 생각할지도 모른다. 그러나 과거 지구의 인류는 아름다운 고리의 주민들처럼 경제나 돈이 행복을 위한 절대적인 조건이라고 생각하지 않았다. 다르게 말하면 눈에 보이는 물질에 집중하지 않았다.

지구에서 널리 사용되는 언어인 영어에서 경제는 'economy' 라고 표기되는데, 그리스어 'oikonomos'에서 유래했다. 이 그리스어는 '집사나 집을 관리하는 사람'을 뜻하는 말이다. 집사란 주인의 가까운 곳에서 살림살이와 집안일을 맡아서 하는 사람을 가리킨다.

그러니까 경제는 주인을 위해 봉사하는 것으로, 다르게 표현하면 삶의 주인인 인간의 행복을 위해 여러 편리를 제공하는 것이라 할 수 있다. 언어에 사람들의 생각이 담겨 있다는 점에서, 과거 지구의 인류는 물질(또는 돈)을 목적으로 삼는 오늘날과 달리 경제를 편리하고 행복한 생활을 위한 여러 수단 가운데 하나로 생각했음을 알 수 있다.

그러니까 사람들의 삶과 생활을 좌우하는 사회의 여러 중요한 분야, 즉 경제나 정치, 종교, 교육, 의료 등에서 어떤 하나가 더 중요한 것이 아니라 모두가 집사처럼 제 일을 할 때 주인인 인류의 삶과 생활이 아름답고 행복해질 수 있다고 생각한 것이다. 개인이나 특정한 집단의 이익을 위해 최소의 노력으로 최대한의 결실을 얻으려고 하기보다 모두가 함께 행복해지기 위해 물질을 어떻게 나누고 사용할 것인지를 고민했다.

'경제는 집사'라는 생각을 가졌던 그리스를 계승한 로마는 사람들의 삶의 질을 높이기 위해 상수도 시설이나 공중목욕탕, 도로 등을 만들고 시민에게 먹을 것을 무상으로 제공했다. 또 가난한 평민도 국가 최고 의결 기관인 원로원의 의원이 될 수 있도록 법으로 보장했다. 이런 것들은 돈이나 경제가 중심이 아니라 인간과 사회가 중심이라는 생각에서 비롯된 것이다.

그러면 경제에 대한 과거와 현재의 관점 차이가 어디서 비롯되었는지 구체적으로 살펴보자.

파이 공정하게 나누기

배가 몹시 고픈 두 사람 A와 B가 있다고 해 보자. 그들 앞에 달콤한 냄새가 나는 먹음직스러운 파이가 하나 놓여 있다. 이 파이를 어떻게 나누는 것이 가장 공정할까?

공정하다는 것은 공평하고 올바르다는 뜻으로 옳고 그름을 판단하는 기준이 된다. 물론 공정함은 절대적인 것이 아니라 사람들의 생각에 따라 변한다.

위의 질문을 오늘날의 지구인들에게 던지면 그들은 대부분 파이에 눈길을 준다. 어떻게 하면 파이를 둘로 정확하게 나눌 것인지에 관심을 가진다. 그래서 한 사람이 자르고 나머지 한 사람이 고르게 한다든지, 정확하게 자로 재서 둘로 나누면 되지 않겠냐고 대답한다.

왜 그렇게 해야 하냐고 물으면 그것이 합리적이고 공정하기 때문이라고 말한다. 그 누구도 손해를 보지 않았으니 합리적이고, 그래서 그것이 타당하고 공정하다고 말한다.

여기서 궁금한 것이 하나 있다. 손해를 본다는 것은 무슨 뜻일까? 과연 무엇을 손해 본다는 말일까?

파이를 많이 먹으면 이익이고 적게 먹으면 손해라는 말인가? 그렇다면 살을 빼기 위해 적게 먹는 다이어트는 손해를 보는 일인가? 굳이 다이어트까지 끄집어내지 않더라도 인간이 돼지가 아닌데 많이 먹는 것이 이익이라는 생각은 어디에서 온 것일까?

아름다운 고리의 주민들이나 과거의 지구 인류에게 이 질문을 던졌다면 파이가 아닌 배고픈 두 사람 A와 B를 주목했을 것이다. A와 B가 누구인가, 또는 두 사람은 어떤 관계인가?

A와 B가 될 수 있는 사람은 엄청나게 많다. 만약 배고픈 두 사람이 엄마와 아이라면 어떻게 될까?

아이를 사랑하는 엄마는 아이가 모두 먹는 게 공정하다고 생각할지도 모른다. 배고픈 아이가 허겁지겁 맛있게 먹는 것을 보며 자신이 파이를 먹고 배를 채워서 얻을 수 있는 것보다 더 진한 행복을 맛볼 수도 있기에 그렇다.

배고픈 두 사람이 서로 깊이 사랑하는 사이라면 배고픔 따위는 잊고 파이를 조금씩 잘라서 상대의 입에 넣어 주며 행복한 표정을 지을 수도 있다. 이들에게 공정한 것은 정확한 2분의 1이나 합리적인 분배는 아닐 것이다.

물론 A와 B가 낯선 사람이라면 파이를 더 많이 먹기 위해 싸움이 벌어질 수도 있고 심하게는 상대를 죽일 수도 있다.

생각해 보면 '파이 나누기'에는 두 가지 관점이 있음을 알 수 있다. 파이에 집중할 것인지 그것을 나누는 사람에게 집중할 것인지에 따라 결과는 전혀 달라진다.

그렇다면 오늘날의 지구인들이 인간이 누구인지에 관심을 두기보다 파이를 정확하게 반으로 나누는 것이 공정하다고 생각하게 된 이유는 무엇일까?

더치페이

요즘 지구에서는 더치페이를 많이 하고 있다. '더치'(Dutch)란 '네덜란드의' 또는 '네덜란드 사람'을 뜻하는 말이기에 더치페이는 유럽에 속해 있는 네덜란드 사람들이 돈을 내는 방식이라는 말이 된다. 가령 여러 사람이 함께 밥을 먹었다면 일행 가운데 한 사람이 밥값을 모두 내는 것이 아니라 자기가 먹은 밥값을 자기가 부담하는 것을 '더치페이'라고 부른다.

전하는 말에 따르면 더치페이는 영국 사람들이 만들어 낸 말이라고 한다. 한국 사람들이 가까운 나라인 일본이나 중국 사람들을 비하해서 부르는 말이 있는 것처럼 영국 사람들도 네덜란드 사람들이 인색하고 쫀쫀하다는 의미로 더치페이라는 말을 사용했다. 따라서 더치페이는 원래 공정함보다는 상대를 비하하기 위해 만들어진 말이다.

그런데 오늘날 인색하고 쫀쫀하다는 의미는 사라지고 자기 몫은 자기가 낸다는 더치페이가 공정한 것이라는 생각이 자리를 잡았다. 얼핏 생각하면 자기가 먹은 음식 값을 자기가 내는 것이 공정해 보인다. 누구도 손해를 보지 않았으니 공정하다는 논리이다.

그러나 곰곰이 따져 보면 반드시 그렇지 않다는 것을 알아차릴 수 있다. 앞에서 예로 든 파이 나누기처럼 더치페이에도 나눠서 내는 사람들이 누구인지가 빠져 있기 때문이다. 그 누군가가 부모와 자식, 또는 선생님과 학생이라면 더치페이를 하는 것이 공정한가?

이는 또한 파이 나누기처럼 공정함을 정하는 잣대가 돈인지 사람인지의 문제이다. 돈이나 물질을 잣대로 삼는다면 더치페이를 하는 것이 공정하다. 그러나 사람이 잣대가 된다면 함께 밥을 먹은 사람이 누구인지에 따라 달라진다.

유럽에 속한 핀란드에서는 교통 범칙금을 소득에 따라 내야 한다. 부자나 가난한 자 모두 범칙금을 똑같이 내는 것이 아니라 벌어들이는 소득에 따라 다르게 낸다는 뜻이다. 실제로 세계적으로 유명한 회사의 부사장은 과속하다가 적발되어 범칙금으로 2억 원 이상을 내기도 해서 화제가 되었다. 즉, 핀란드의 범칙금은 돈이 기준이 아니라 사람이 기준이라는 말이다.

이렇게 물질이 아니라 사람을 기준으로 세계를 바라보면 다르게 보인다. 오늘날 돈을 많이 버는 사람은 세금도 많이 낸다. 그가 돈을 많이 번 것은 그 사람이 노력했기 때문이기도 하지만 그 사회에 속한 사람들이 그가 돈을 많이 벌 수 있게 만들어 주었기 때문이다. 사회는 돈이나 물질로 구성되는 것이 아니라 사람들이 모여서 형성된 것이기에 그렇다. 지구도 그렇고 아름다운 고리도 그렇고 늘 가장 소중한 것은 인간이다.

보고서의 관점

· ·

우리가 이주한 지구는 아름답고 풍요로운 행성이지만, 한편으로 여러 문제를 품고 있다. 사람들의 편의를 위해 쓰는 플라스틱이 바다를 메우고 있고 환경 오염으로 인한 미세먼지가 하늘을 덮고 있다. 이 밖에도 인구의 증가와 무분별한 개발로 인한 온난화를 비롯해 여러 환경문제가 발생한 지 오래다.

더불어 우리가 주목하고 있는 경제 환경도 쾌적하지 않다. 가난한 사람과 부자, 빈곤한 국가와 부유한 국가의 차이가 엄청나게 커지면서 발생한 불평등 문제를 비롯해 돈으로 모든 것을 해결하려는 물질 만능주의, 다음 세대에게 부담을 주는 과다한 부채(빚), 더 많은 것을 갖기 위해 타자를 괴롭히고 약탈하는 탐욕, 기술 발달로 일자리가 줄어들며 생기는 열악한 노동 조건, 끝없는 소비의 나락으로 빠져드는 소비 중독 등 헤아릴 수 없을 정도로 많은 문제가 쌓여 있다.

이렇게 문제점들만 보면 우리가 떠나왔던 아름다운 고리의 과거 모습이 연상된다. 자연이 파괴되고 사람들 사이에 갈등과 반목이 계속되던 그때 말이다.

그러나 지구에 빛과 열을 주는 태양의 수명이 아직 50억 년 이상 남아 있고, 지구의 인류 또한 오랜 세월 축적해 온 지혜와 미덕을 갖고 있기에 충분히 극복해 낼 것으로 믿는다. 우리도 이제 지구인이다. 다만 우리는 지구에 갓 이주해 왔기에 비유해서 말하면 갓 태어난 아이와 같아서 지구의 생활을 배워야 한다. 특히 경제는 행복한 지구 생활을 위해 잘 배우고 올바른 관점을 가져야 하는 분야이다.

따라서 이 보고서에는 지구인이 된 우리가 알아야 할 지구 경제의 기본적인 내용과 오늘날 경제와 관련된 문제점, 그에 대처하는 방법 등이 실려 있다. 우리의 관점은 대체로 지구의 인류학자들이 조사하고 밝힌 내용이 담겨 있는 경제인류학에 서 빌린 것이다.

경제생활 십계명

1

지구인에게 믿음을 잃지 마라

신용

가장 중요한 것은 믿음

'경제생활 십계명'의 첫 번째 계명은 '지구인에게 믿음을 잃지 마라.'이다. 만약에 지구인이 이 보고서를 본다면 좀 엉뚱하다고 생각하고 이렇게 말할지도 모르겠다.

"경제생활을 말하면서 느닷없이 믿음이라니! 역시 외계인들이야."

우리 지구정착위원회가 첫 번째 계명으로 믿음을 선택한 것에는 충분한 이유가 있다. 아름다운 고리의 이주민들이 지구에 정착한 이후 가장 많이 위원회에 호소한 것은 지구인을 믿을 수 없다는 것이었다. 실제로 지구의 물정에 어두운 여러 이주민이 지구인들에게 바가지를 쓰거나 노동 착취를 당하기도 하고 속임수에 휘말려 경제적 손해를 보기도 했다.

많은 이주민이 지구인을 믿을 수 없다며 불평을 털어놓았고, 몇몇 이주민은 지구인에 대한 불신 때문에 외딴섬이나 인적이 드문 숲으로 들어가 홀로 살겠다고 해서 설득하느라 애를 먹기도 했다. 인간은 혼자 살 수 없다. 그것은 이제 지구인이 된 아름다운 고리의 이주민도 다르지 않다. 왜 이런 일이 생긴 걸까?

흔히 지구에서는 믿음을 말하면 종교를 먼저 떠올린다. 종교가 믿음을 인류의 삶에 중요한 덕목으로 여기기 때문이다. 그러나 경제에서 가장 중요한 것 또한 믿음이다. 한 예로 국가에 대한 믿음이 없으면 그 국가에서 발행하는 화폐(돈)는 한낱 종잇조각에 불과할 뿐이다. 실제로 국가가 부도나서 그 국가의 돈이 쓰레기처럼 쓸모 없어지는 일이 종종 발생한다.

지구인들이 좋아하고 많이 찾는 브랜드인 애플이나 나이키, 코카콜라 등도 그들에 대한 믿음이 없다면 과연 사람들이 구매를 할까? 낯선 브랜드의 물건이 잘 팔리지 않는 것은 그 브랜드에 대한 믿음이 없기 때문이다.

오늘날 지구의 인류는 서로를 믿지 못하기 때문에 군대를 유지하기 위한 군사비로 어마어마한 돈을 쏟아붓는다. 그 돈은 하늘에서 뚝 떨어진 것이 아니라 사람들의 주머니에서 나온 것이다. 만약 서로에 대한 믿음이 있다면 그 엄청난 돈을 인류의 아름다운 생활을 위해 쓸 수 있을 것이다. 그렇다면 지구는 더욱 평화롭고 풍요로운 세계가 되지 않을까?

이렇게 물질생활이나 경제에서 믿음은 매우 중요한 덕목이다. 인류의 경제는 그 믿음을 만들기 위해 노력해 온 역사라고 해도 지나친 말이 아니다. 물질생활과 경제는 홀로 할 수 없는 것이다. 다른 누군가와 관계를 맺어야 비로소 시작된다. 그래서 타자라고 불리는 다른 사람과의 관계가 중요해지고 그들 사이에 믿음이 필요해진다.

사람들 사이에 믿음이 없으면 위험해진다. 어두운 길이나 골목처럼 사람들의 왕래가 없는 곳에서 낯선 사람을 만나면 불안감이 앞서는 것도 낯선 사람이 지닌 잠재적 위험성 때문이다. 아름다운 고리의 이주민들이 지구인들을 믿지 못하는 것은 아직 그들에 대한 믿음이 생기지 않았기 때문이다. 지구에서도 예부터 낯선 사람은 믿을 수 없는 사람이었다. 그 믿음을 만들기 위해 지구의 인류는 많은 궁리를 했고 여러 시스템을 만들어 냈다.

이제 우리는 진짜 지구인이 되어야 한다. 겉모습은 바꾸었으니 속도 바꾸어야 한다. 우리와 지구인은 서로 낯선 사람이다. 믿음이 없는 낯선 사람으로 살아간다면 우리는 지구인이될 수 없을지도 모른다.

우리가 참된 지구인이 돼서 경제생활을 잘하기 위해서는 인류에 대한 믿음을 가져야 하고, 우리도 그들에게 믿음을 얻어서 신뢰감 있는 인류로 보이기 위한 노력이 필요하다.

덤을 주는 것과 바가지를 씌우는 것

지구의 인류가 경제생활에서 믿음을 얻기 위해 어떤 과정을 거쳤는지 살펴보자. 앞에서 다룬 더치페이로부터 이야기를 시작해 보자.

인류의 물질생활은 과거부터 현재까지 어느 때든지 믿음(신용)을 토대로 이루어졌다. 그렇다고 늘 따뜻한 인간관계 위주로 생활해 온 것은 아니다. 과거의 인류도 종종 더치페이를 했다. 주로 다시 만날 일이 없는 모르는 사람과 더치페이를 했다. 다시 보지 않을 사람과의 관계에서 굳이 손해를 볼 이유가 없었기 때문이다.

이야말로 너무나 당연하고 공정한 일이다. 계속 만나야 하는 지속적인 관계에서라면 오늘 손해를 보더라도 다음 기회에 이익을 얻을 수 있지만, 다시는 보지 않을 사람이라면 그렇지 않다. 일반적으로 거래를 하는 목적은 손해를 보지 않으려는 것이 아니라 이익을 내기 위한 것이다. 이때 이익에는 눈에 보이는 것과 눈에 보이지 않는 것이 있다.

지구의 장사꾼들이 흔히 하는 '밑지고 판다'는 말은 인류의

3대 거짓말 가운데 하나로 꼽힌다. 교환이나 거래, 또는 장사
는 원하는 것을 얻는, 다시 말해 대체로 이익을 얻기 위해 이루
어지는 행위이다.

그래서 자주 찾아오는 단골들과 달리 다시 만날 일이 없는
낯선 사람과의 거래에서는 철저하게 손익 계산을 하게 된다.
자주 거래하는 단골은 그 자체로 이익이 되기에 얼핏 손해처
럼 보이는 '덤'을 주기도 하지만(이때 덤은 손해가 아니라 이익이
다), 다시 볼 일이 없는 사람과의 거래에서는 덤을 주기는커녕
이익을 보기 위해 애쓴다는 말이다.

한국의 미디어에서는 여름철마다 바가지요금에 대해 다룬
다. 사람들이 휴가철에 유명 피서지나 관광지에서 자주 바가
지요금을 경험한다는 내용이다. 관광지의 상인들이 사람들에
게 바가지를 씌우는 것은 그들이 보기에 관광객은 다시 오지
않을, 그래서 다시 만날 일이 없는 사람이기 때문이다. 관광지
상인들은 관광객들로부터 한 번의 기회에 최대한의 이익을 내
려 한다.

그런데 최근 이런 관광지의 상인들과 비슷한 생각이 일반
사람들 사이에서 넓고 깊게 작동하고 있다. 오늘날 지구인의
머릿속에는 최소 비용으로 최대 효과를 얻어야 한다는 생각이
깊이 박혀 있는 듯하다. '효율성'이라고 불리는 이 생각은 경제
학에서 매우 중요한 개념이다.

이 생각의 핵심은 최소의 비용을 들여서 최대의 효과를 얻

겠다는 것이다. 1000원짜리 로또를 사면서 좀 터무니없지만 수십 억에 당첨되기를 꿈꾸는 것도 이런 생각에서 나온 것이다. 로또는 극단적인 사례겠지만 지구인은 적은 노력으로 큰 성과를 거두는 것이 이익이라고 생각한다. 그건 과거에 살았던 인류도 다르지 않았다.

그렇다면 과거 낯선 사람과의 거래에서는 무슨 일이 벌어졌을까? 한쪽은 최대의 이익을 얻으려고 하는데 다른 한쪽에서 그 손해를 고스란히 받아들였을까?

현대인이 바가지요금에 대해 불쾌감을 느끼고 화를 내는 것처럼 과거의 인류도 억울하다고 생각하며 화를 냈다. 오늘날에는 법이나 SNS와 같은 여론에 호소할 수 있지만, 그럴 수 없었던 과거에는 분노를 바깥으로 드러내기도 했다. 그래서 자칫 피가 튀는 폭력이 발생하기도 했다. 손해를 보았다고 생각하는 쪽이 분노한 사나운 사냥개처럼 이빨을 드러낼 때 위험한 상황이 닥친다. 게다가 상대는 낯선 사람이고 다시는 만나지 않을 사람이라면 목숨이 위태로울 정도로 심각한 일이 일어날 수 있다.

경제생활에서 믿음이 중요한 이유이다. 다시 만날 일이 있다면 다음에 손해를 만회할 기회가 있기에 당장은 화가 나더라도 분노를 드러내지 않지만, 다시 만날 일이 없는 사람에게는 분노를 표출하기 쉽고 주먹이 오가는 폭력으로 이어질 가능성이 생긴다.

그렇지만 필요한 물건을 얻기 위해서는 거래가 필요했다. 그럼 과거 인류는 어떻게 거래를 했을까?

물물 교환에 대한 오해

경제학을 다룬 교과서를 보면 인류의 가장 오래된 경제적 거래로 물물 교환을 꼽는다. 성경에 빗대어 표현하면 '태초 경제생활에 물물 교환이 있었다'가 된다. 그런데 이 생각에도 파이 나누기와 더치페이처럼 누구와 누가 물물 교환을 하는가 하는 인간관계가 빠져 있다.

"서로 잘 알고 있는 사람인가, 아니면 낯선 사람인가?"

이 물음을 던지지 않았기 때문에, 다시 말해서 경제적 거래에서 인간관계를 빼놓았기 때문에 최초의 경제 활동으로서의 물물 교환은 여러 오해를 낳고 말았다. 과거에 물물 교환은 잘 아는 사람이 아닌 '낯선' 사람과의 거래에서 일어난 일이었다. 그러니까 모두와 물물 교환을 한 것이 아니라 모르는 사람과 거래를 해야 할 때만 물물 교환을 했다는 말이다.

서로 잘 아는 사람끼리는 물물 교환을 하지 않았다. 인류학자들의 수많은 보고서를 살펴봐도 같은 마을에 사는 사람들끼리 물물 교환을 했다는 이야기는 어디에도 나오지 않는다. 같은 마을 사람들끼리는 서로 필요한 것을 주거니 받거니 했다.

군이 거래나 교환이라는 말을 써야 한다면 물물 교환이 아니라 서로 믿는 신용 거래 또는 신용 교환을 했다고 할 수 있다.

예를 들어 어부와 구두를 만드는 사람이 있다고 하면, 구두를 만드는 사람이 생선이 필요할 때 곧바로 구두와 생선을 맞바꾸는 것이 아니라 구두를 일단 주고 생선이 먹고 싶을 때 싱싱한 생선을 얻으면 된다. 반대로 그렇게 계속 생선을 얻어 온 구두 만드는 사람은 언젠가 어부가 구멍 뚫린 신발을 보여 주면 그때 구두를 건네주면 된다.

신용 거래와 물물 교환의 가장 큰 차이는 시간이다. 신용 거래는 그 자리에서 물건을 서로 맞바꾸는 것이 아니라 시간을 두고 거래가 일어난다. 이 시간 속에 서로에 대한 믿음이 포함되어 있다. 시간이 지난 다음에도 구두나 생선을 얻을 수 있다는 믿음이 있어야 신용 거래가 가능해진다. 그리고 이 믿음이 친구나 동료와 같은 인간관계를 만들어 낸다.

지구인이 많이 믿는 성경에서 말하는 중요한 가치인 믿음·사랑·소망이나, 중국의 성인인 공자가 주창한 유학에서 인간이 갖추어야 할 덕목으로 꼽는 인의예지신에 믿음이 빠지지 않는 것도 이 때문이다.

한편 누군가의 선물을 거부해서도 안 되지만 선물에 대한 보답을 하지 않아도 되는 사회도 있다. 아프리카의 쿵 부시맨들이 그러한데, 이들은 선물을 사회적 관계를 만드는 도구로 활용한다. 심지어 선물을 요구해서 받는 행위는 상대방을 좋아한다는 표현이라고 생각한다. 좋아하기 때문에 무엇인가를 요구한다는 뜻이다.

그래서 이들은 자기들끼리 교역을 하지 않는다. 그냥 달라고 요구하거나 주는 것을 당연하다는 듯이 받는다. 어느 선교사가 물에 빠진 사람을 구해 주었더니 먹을 것과 입을 것을 요구해서 난감했다는 기록도 있다.

대부분의 문화권에서는 물에 빠진 사람을 구해 주면 감사하다는 말을 듣지만 쿵 부시맨들은 물에 빠졌을 때 자기를 건져 준 것이 사회관계를 만든 일이 되고, 먹을 것과 입을 것을 달라고 요구하는 것은 서로 좋은 관계를 유지하기 위함이다. 그것은 아이들이 부모에게 장난감을 사 달라고 하는 것과 비슷하다. 즉, 도움에 대한 감사를 표시하는 방법이 다른 것이다. 그러나 서로 선물을 하고 인간관계를 맺는다는 점에서는 다를 것이 없다.

침묵교역

물물 교환은 동시에 그 자리에서 곧바로 상대와 필요한 물건을 주고받는 것을 가리킨다. 그것도 잘 모르는 위험한 낯선 사람들과 말이다. 앞에서 말한 대로 낯선 사람과의 거래나 교환은 쉽지 않고 위험하기까지 하다.

그렇다면 고대 인류는 어떻게 물물 교환을 했을까?

먼저 살펴볼 것은 인류 역사에서 널리 알려진 침묵교역이다. 침묵교역이란 상대방과 접촉을 하지 않고 물건을 교환하는 것을 가리킨다. 그러니까 직접 찾아가 거래를 하는 방문 교역이나 계약을 맺고 거래를 하는 협정 교역과 달리 서로 만나지 않고 거래하는 것을 말한다.

고대 사회에서 침묵교역은 널리 이루어졌다. 서양 역사의 아버지로 불리는 그리스의 역사가 헤로도토스(기원전 484~기원전 425)가 쓴 『역사』에는 고대 카르타고 사람들과 아프리카 북부에 사는 리비아 사람들 사이에 침묵교역이 행해졌다는 기록이 있다.

침묵교역의 원리는 비교적 간단하다. 기록에 따르면 카르타고 사람들은 배를 타고 아프리카 해안으로 찾아간다. 그리고 해안에 팔고 싶은 물건을 내려놓고 그대로 배로 돌아간다. 해안에는 모래 위에 물건만 덩그러니 놓여 있을 뿐이다.

카르타고 사람들이 배로 철수를 하면 리비아 사람들이 나타나 물건을 살펴본다. 그리고 물건은 그대로 두고 그 옆에 자기들이 생각하는 값을 정해서 그만큼의 황금을 두고 역시 해안을 떠난다.

이번에는 카르타고 사람들이 해안으로 상륙해서 리비아 사람들이 정한 가격을 살펴본다. 만약 만족하면 물건은 두고 황금만 가지고 배를 타고 떠난다. 거래가 성사된 것이다.

그러나 황금으로 계산된 가격이 마음에 들지 않으면, 곧 황금이 모자란다고 생각하면 물건과 황금을 그대로 두고 다시 배로 철수한다. 이른바 흥정을 하는 것이다. 그러나 일반적인 흥정과 달리 말을 하지 않는 흥정이다.

다시 리비아 사람들이 나타나서 황금을 더 내려놓으면 계속 흥정을 할 생각이 있는 것이다. 그러나 황금을 갖고 그 자리를 떠나면 거래는 결렬되고 만다. 각자가 생각하는 물건값이 다르기에 거래가 성사되지 않는 것이다.

이들은 한 번도 얼굴을 맞대지 않는다. 몇 차례 말 없는 흥정을 하기는 하지만 서로 만나지 않는다. 이렇게 말을 주고받지 않는 거래를 통해서 서로가 원하는 물건을 얻는 것을 말없이 교역한다고 해서 '침묵교역'이라고 한다.

키가 작은 것으로 알려진 아프리카의 피그미족도 반투족과 침묵교역을 한 것으로 유명하다. 이들은 각각 수렵 채집과 원예 경작을 했기에 서로에 필요한 것을 침묵교역을 통해 손에 넣었다. 그 과정은 앞에서 말한 것과 다르지 않다. 이 밖에도 세계 곳곳에서 침묵교역이 이루어졌다는 기록이 남아 있다.

공포와 축제의 물물 교환

그렇다면 침묵교역 외에 낯선 사람과의 위험한 거래와 교환에는 어떤 것이 있었을까? 이에 대해서는 여러 인류학자의 보고서가 남아 있다.

침묵교역은 낯선 사람에게서 이익을 얻을 때 생기는 위험을 회피하기 위해 정해진 장소에서 이루어졌다. 그런데 어쩔 수 없이 낯선 사람과 직접 물물 교환을 해야 하는 경우가 생기기 마련이다.

가령 두 무리의 사람들이 이동하다가 서로 맞닥뜨리는 상황에 놓였다고 상상해 보자. 그리고 서로에게 필요한 물건이 있어서 거래해야 할 상황이라고 가정해 보자. 낯선 사람은 일단 위험하다. 지구의 문화 가운데 악수하는 관습은 손에 상대를 해칠 무기가 없음을 보여 주기 위해 시작된 것이라고 한다. 이렇게 낯선 사람과 낯선 공간에 있는 것만으로도 불편하고 위험을 느끼는데, 무엇인가를 주고받아야 하고 손해를 보지 않아야 하는 거래가 편안하고 즐거울 수만은 없다. 그러나 생활에 필요한 물건을 얻기 위해서 거래를 해야 했다.

인류학자들이 보고한 낯선 사람들끼리의 거래는 매우 흥미롭다. 과연 사람들은 어떻게 위험을 피했을까?

한 보고서에 따르면 두 집단이 만나서 물물 교환을 하기로 했을 때 여자와 아이들은 뒤에 안전하게 숨겨 두고 남자들만 나선다. 그런 뒤 한 집단의 우두머리가 먼저 상대방을 칭찬하는 말을 늘어놓는다. 물론 자기는 형편없는 사람이라고 한껏 낮춘다. 상대가 우쭐한 기분이 들 정도로 칭찬하고 즐겁게 만든다.

그런 다음 손에 쥐고 있던 무기를 내려놓고 함께 어울려 노래를 부르며 춤을 춘다. 이렇게 축제 분위기를 연출해 친분이 쌓이면 비로소 물건을 꺼내 놓고 서로가 원하는 것을 얻기 위한 거래를 한다. 그러니까 최소한의 신뢰 관계를 만들고 나서 거래를 했다는 뜻이다. 되도록 서로의 마음에 있는 불안과 의혹을 줄인 뒤 거래나 교환에 나섰다는 말이다.

흔히 친하지 않은 사람들끼리 밥을 함께 먹거나 땀을 흘리는 운동, 취미 생활을 함께하는 것은 이를 통해 불안을 줄이고 신뢰를 키우기 위해서이다. 젊은 남녀가 처음 만나 소개팅을 할 때 대체로 식사를 하는 것도 이런 이유 때문이다.

함께 노래 부르고 춤을 추며 우호적인 분위기를 만들었다고 해도 막상 거래나 교환을 하게 되면 충돌과 다툼이 일어날 소지가 얼마든지 있었다. 서로 원하는 것이 다를 수도 있어서 한쪽이 원하는 것을 강제로 가지려고 하면 언쟁이 벌어지거나 폭력이 발생하기도 했다. 또 흔쾌히 교환했지만 얼마 후 자기가 속거나 크게 손해를 보았다고 생각하여 폭력을 휘두를 수 있기에 교환이나 거래를 마친 집단은 재빨리 헤어져 최대한 먼 곳으로 발길을 재촉한다.

이렇듯 원래 낯선 사람이나 집단과의 물물 교환은 서로 어울리지 않는 공포와 축제의 분위기가 공존하는 기묘한 일이다. 물물 교환은 오늘날의 플리마켓(벼룩시장)처럼 낭만적인 것이 아니라, 위험한 일이었다.

신의 휴전 기간

인류가 위험하고 낯선 사람과의 안전한 거래와 교환을 위해 궁리해 낸 것이 특정한 시간과 장소였다. 그 가운데 종교를 활용하는 방법이 있었다. 과거 인류가 가장 신뢰했던 것은 신을 믿고 신의 말을 따르는 종교였다. 아주 오랜 세월 동안 종교는 인류의 문화를 지탱해 왔다. 낯선 사람은 믿기 힘들었지만 신은 믿을 수 있었다. 신의 이름으로 행하는 것은 신성한 것이고 신을 믿는 사람들은 서로 신뢰할 수 있었다.

예를 들어 민주 정치를 구현했던 고대 그리스 사람들은 금은보화가 생기면 신전에 보관했다. 당시 해적이나 도적이 많았고 신전에 금은보화가 있다는 것을 모두 알고 있었지만, 신전이 약탈당한 적은 한 번도 없었다. 신전을 약탈하는 것은 신을 모독하는 끔찍한 죄악이었기 때문이다. 고대 사회에서 가장 큰 형벌은 천벌, 즉 하늘이 내리는 벌이었다. 다른 사람들은 몰라도 하늘은 알고 있기에 반드시 죄의 대가를 치른다는 생각이 오랫동안 인류를 지배해 왔다.

이러한 사람들의 믿음을 바탕으로 낯선 사람과의 안전한 거래를 위해 신전이나 사원이 활용되었다. 신전이나 사원 앞에 서라면, 다시 말하면 신 앞에서라면 위험하지 않게 거래할 수 있다고 생각했다.

한 사례로 서남아시아 지역에서는 신의 이름으로 전쟁과 다

메카의 카바 사원 모습 메카는 세계 각지에서 온 순례자들로 항상 붐빈다. 메카는 고대부터 문화적으로 중요한 장소이자 무역로였다.

틈이 없는 지역과 시간을 정하기도 했다. 오늘날 이슬람교 최고의 성지인 메카에서는 예부터 매년 4개월을 '신의 휴전 기간'으로 정해 놓았다.

 이 기간에는 신의 이름으로 모든 전투가 금지되고 어떤 공격 행위나 폭력 사태도 금지되었다. 만약 그런 일이 벌어지면 엄격한 처벌을 받았다. 따라서 상인들은 이때 안심하고 메카를 방문해서 교역과 상업에 종사할 수 있었다. 이런 까닭에 메카는 이슬람교의 성지가 되기 전부터 서남아시아에서 가장 번성한 도시 중 하나였다.

또 하나, 축제가 끝나는 날에 거래를 하는 방법도 고안되었다. 함께 먹고 마시며 축제를 벌인 뒤라면 서로에 대한 믿음이 생겨서 안전하게 거래나 교환을 할 수 있었다. 대부분의 축제는 종교와 관련된 것이었기에 신의 가호와 감시 아래 거래와 교환을 한다는 점에서 역시 안전했다.

그리고 또 안전한 장소는 관공서 앞이었다. 국가의 힘이 가장 크게 작용하는 관공서 앞이라면 비교적 안전하게 물건을 거래하고 교환할 수 있었다. 그러니까 과거의 인류는 안전한 거래와 교환을 위해 가장 신뢰할 수 있는 신이나 국가의 힘을 활용했다는 말이다.

이는 그 후에도 크게 달라지지 않았다. 다만 현대에 들어 종교가 약해지면서 국가가 더 큰 힘을 발휘하고 있다. 국가가 믿음을 제공하게 되자 돈과 시장이 경제생활의 핵심 역할을 하게 되었다. 돈(화폐)은 안전하고 편리한 거래와 교환을 위한 수단이었고 시장은 그 거래와 교환을 위한 공간이었다.

청바지 돌려 입기

안전한 교역을 위해 인류가 궁리해 낸 것 가운데 '쿨라'라는 것이 있다. 쿨라는 남태평양에 있는 멜라네시아의 트로브리안드 군도에서 행해진 독특한 교역 방식으로, 영국의 저명한 인류학자인 말리노프스키(1884~1942)의 보고를 통해 세상에 알려졌다.

쿨라는 원이라는 뜻이다. 흥미로운 것은 한국이 포함된 동북아시아에서 돈을 모두 원이라고 부른다는 점이다. 한국의 원, 일본의 엔이나 중국의 위안 모두 둥글다는 뜻을 가진 '원'(圓)을 읽는 발음이다.

쿨라는 의례적인 교환을 주고받는 체계로 설명된다. 즉, 이 원에 속해 있는 섬들은 끊임없이 정해진 물건을 주고받는다. 말리노프스키는 이런 의문을 가졌다.

"이들은 왜 같은 물건을 주고받는 것일까?"

쿨라 시스템은 너무나 단순하다. 오히려 매우 간단해서 이해하기 힘든 점이 있다.

오늘날의 모습으로 비유해서 살펴보자. 학교에 입학해서 근처에 사는 친구들을 알게 되었다. 그런데 아직은 서로 친하지 않아서 서먹서먹할 것이다. 그때 한 친구가 이런 제안을 했다. 서로 체형도 비슷하니 청바지를 돌려 가며 입으면 어떨까 하고. 그래서 청바지 한 벌을 일주일씩 돌려 가며 입기로 했다.

그 청바지는 친구들과의 우정을 상징하는 것이기에 조심스럽게 입게 되고 깨끗하게 세탁을 해서 다음 친구에게 넘길 것이다. 그리고 그 청바지를 보거나 입을 때마다 다른 친구들이 생각날 것이다. 그래서 청바지를 돌려 입는 친구들과는 다른 학교 친구들과 달리 비밀 이야기도 하게 되고 한결 더 친해질 것이다.

청바지를 돌려 입는 친구들이 네 명이라면 한 달이 지나면 다시 그 청바지가 처음 입었던 친구에게 돌아올 것이다. 다시 돌아온다는 점에서 하나의 원이 된다. 한 달에 한 번씩 청바지가 도는 원이 생긴 것이다.

쿨라는 이렇게 청바지를 돌려 가며 입는 것과 비슷하다. 트로브리안드에 사는 여러 부족은 '술라바'라고 부르는 조개껍데기로 만든 목걸이와 '음왈리'라고 부르는 조개로 만든 팔찌를 각기 일정 기간 보관했다가 다음 부족에게 넘겼다. 하나가 오른쪽 방향으로 돈다면 다른 하나는 왼쪽 방향으로 돌게 된다. 즉, 두 개의 원이 만들어지는 것이다.

술라바와 음왈리를 갖고 있는 부족은 그것을 대단한 명예로 여겼다. 물론 술라바와 음왈리는 조개껍데기로 만든 것이기에 거기에서 황금이 생기거나 마법의 힘이 나오는 것은 아니다. 그것을 갖고 있다고 해서 경제적인 이익이 생기는 것도 아니다. 그렇다면 트로브리안드의 부족들은 왜 이런 일을 지속해 온 것일까?

다시 청바지로 돌아가 보자. 청바지를 돌려 입는 일은 술라바와 음왈리를 돌리는 것과 비슷하다. 청바지 자체는 큰 의미가 없다. 그러나 청바지는 우정을 상징하는 물건이다. 함께 똑같은 청바지를 입는다는 것은 특별한 관계임을 의미한다.

쿨라도 마찬가지이다. 술라바와 음왈리는 그 자체로는 큰

쿨라에 사용된 목걸이 남태평양 트로브리안드의 여러 섬 사람들이 쿨라에 사용한 조개껍데기 목걸이다. 이들은 목걸이를 돌려 가며 교역에서 믿음의 체계를 만들어 냈다.

의미가 없다. 그러나 함께 그 물건을 소유하고 나눈다는 것은 서로 믿을 수 있는 관계임을 의미한다. 쿨라 시스템을 공유하고 있는 부족들은 '김왈리'라고 하는 교역도 했다. 물론 교역을 할 때 흥정도 하고 손해를 보지 않고 이익을 내기 위해 애썼다. 그러나 낯선 사람들과 물물 교환을 할 때와 같은 위험성은 없었다. 이들은 같은 쿨라에 속해 있는 믿을 수 있는 사람이기 때문이다. 그러니까 술라바와 음왈리를 주고받는다는 것은 낯선 사람과의 교역에서 오는 위험을 제거하기 위한 믿음의 체계였다.

혼인이 이루어지던 시장

그러나 세월이 흘러 인구가 늘어나고 사회가 복잡해졌다. 여기에 일부 지역에서는 종교의 힘이 약해지면서 모두 같은 신을 믿고 숭배한다는 공동체 의식이 옅어졌다. 따라서 종교가 제공하던 경제생활을 위한 믿음도 약해졌다.

그러자 믿음의 두 체계인 종교와 국가 가운데 국가의 힘이 점점 중요해졌고 강해졌다. 국가는 거래의 편리성을 위해 화폐를 발행하고 거래와 교환을 위한 공간인 시장을 적극적으로 활용했다. 시장은 서로 다른 일을 하는 사람들이 생산한 것을 안전하게 교환하기 위해 개설되었다. 인구가 증가하고 상업이 발달하면서 교환을 위한 안전한 공간이 요구되었던 것이다.

예를 들어 한국의 시장을 살펴보자.

예부터 시장은 흉년이나 전란과 같이 물자가 귀해지는 시기에 발생했다. 한반도에서도 임진왜란이라는 엄청난 전란 뒤에 곡식이나 옷감처럼 필수품이지만 구하기 힘들어진 귀한 물품들을 교환하기 위해 전국에 우후죽순처럼 시장이 생겨났다.

조선의 경우 상업을 억제하는 유학의 이념에 따라 초기에는 시장이 열리는 것을 막아 보려고 했지만 서로 필요한 물건을 교환해야 한다는 것을 인정하고 흉년과 같은 때에만 특별히 시장 개설을 허가했다. 그러나 임진왜란 이후에는 터진 둑처럼 막을 수 없게 되자 시장의 개설을 허가했고, 숙종 때부터 세금을 쌀로만 내는 것을 골자로 하는 대동법을 전국적으로 시행했다. 대동법이 시행되기 전에는 각자 자기들이 생산한 물건으로 세금을 냈다. 사냥하는 사람이라면 짐승의 가죽을 세금으로 내면 되었다.

그러나 이제 사람들은 세금을 내기 위해 쌀이 필요했고, 쌀을 구하러 시장으로 가야 했다. 사냥꾼이라면 시장으로 가서 가죽을 쌀로 바꾼 다음에 그것을 나라에 세금으로 냈다. 이렇게 되자 시장은 크게 활성화되었고 전국 곳곳에 정기적으로 개설되는 시장이 생겼다.

이렇게 세금은 시장 형성에 큰 역할을 했다. 이런 점에서 국가는 안전한 거래와 교환의 공간인 시장이 태어나는 데 산파 역할을 한 셈이다. 국가의 주도로 태어난 시장은 오랜 세월 동안 서로에게 필요한 물건을 교환하는 장소였다.

한국의 경우 대체로 20~30리(약 8킬로미터) 정도 떨어진 곳에 시장이 형성되었고, 대체로 5일마다 한 번씩 장이 섰기 때문에 오일장이라고 불렀다. 서양의 달력이 들어오기 전까지 한국의 생활 리듬은 시장의 개설 주기에 따라 5일이 기준이었다. 지금으로 치면 5일이 일주일이었던 셈이다.

이때 시장에는 생산자와 소비자가 따로 없었다. 물건을 가지고 시장에서 팔아 돈을 얻은 다음, 그 돈으로 필요한 물건을 사서 집으로 돌아갔다. 그러니까 시장에 나오는 농민은 오늘날과 달리 생산자이면서 동시에 소비자였다.

숭례문 앞 장터 1904년, 조선 시대 한양의 4대문 중 하나인 숭례문 앞에 열린 장터의 모습이다. 지게에 각종 채소와 땔감을 실은 장사꾼들이 분주하게 움직이고 있다.

　시장은 단순히 물건을 사고파는 것에서 그치지 않고 사교와 혼담의 공간이기도 했다. 다르게 말하면 과거 한 마을의 공동체가 20~30리 정도로 확장된 것이다. 시장이라는 믿음(신뢰)을 기초로 해서 더 넓은 신용 공동체가 형성되었다.

　그래서 중국의 시장을 조사했던 인류학자 스키너가 밝힌 것처럼 시장에서 사람들 사이에 혼담이 오가고 실제로 결혼이 이루어졌다. 또 TV나 극장을 비롯한 오락이 없었던 시대에 시장을 중심으로 오락거리가 생겨났다. 시장으로 사람들을 불러 모으기 위해 광대들이 공연을 했고, 놀이판이 벌어졌다. 그리고 무엇보다 시장은 사람들이 모이는 공간이었다. 시집간 누이를 만나고 다른 마을에 사는 친구를 만날 수 있는 공간이었다. 사람들이 모이는 공간이기 때문에 민란이나 독립운동의 중심지가 되기도 했다.

시장은 물건의 안전한 교환을 위해 형성된 장소였지만 물건의 거래 외에도 혼인이나 사교와 같은 인간관계를 만들고 유지하는 역할을 맡아 온 것이다. 그것이 가능했던 것은 국가가 제공하고 사람들이 함께 일군 믿음이 있었기 때문이다.

현대에 들어 오랫동안 거래와 교환의 장소였던 시장에 변화가 생겼다. 오늘날에도 시장은 남아 있다. 그러나 주요 거래와 교환의 장소가 백화점과 대형 마트로 바뀌었고 최근에는 인터넷 쇼핑몰로 옮겨 가고 있다.

이런 변화가 생긴 것은 기술의 발달로 거래와 교환이 안전해졌기 때문이다. 국가가 주도하여 사람들 사이의 믿음을 토대로 이루어지던 것이 기술을 활용한 믿음의 시스템으로 바뀐 것이다.

이렇듯 국가에 더해 기술이 개입하고 그에 의존하게 되어 오히려 믿음이 필요 없는 것처럼 보이기도 한다. 하지만 거래와 교환이 복잡해지면서 믿음은 오히려 더욱 중요한 것이 되고 있다. 믿지 못하면 돈을 쓸 수가 없고 또 믿음을 주지 못하면 물건을 팔 수가 없다. 작은 실수 때문에 믿음을 잃고 문을 닫는 기업들이 늘어나고 있는 것도 그 때문이다.

애초에 그것이 국가든 기술이든 믿음을 토대로 하지 않으면 경제생활을 할 수가 없다는 것을 잊지 말아야 한다.

믿음을 잃지 마라

아름다운 고리의 주민들은 지구라는 낯선 땅을 찾아왔다. 우리에게 지구인은 낯선 사람이다. 그래서 아름다운 고리의 이주민들 가운데 지구인에게 불평을 가진 사람이 많다. "지구인을 조심하라."라는 말이 일부 이주민 사이에서 퍼지고 있다. 하지만 지구인들도 서로 불신과 믿음을 오가며 오늘날에 이르렀음을 알아 두어야 한다.

우리는 지구에 관광하기 위해 온 것이 아니다. 우리는 지구에 살기 위해 왔고 지구인들이 자주 쓰는 말인 "로마에 가면 로마의 법을 따르라"라는 말처럼 우리가 지구의 관습과 생활에 익숙해져야 한다.

그렇다면 어떻게 지구인들 사이에서 살아가면서 믿음을 키울 수 있을까?

믿음을 키우는 기본 원리는 시간에 있다. 대체로 시간을 함께 나누면 낯선 느낌이 사라지기 때문이다. 어릴 때는 학교도 함께 다니고 몰려다니며 놀기 때문에 친구가 되기 쉽다.

그러나 어른이 되면 일하느라 바빠서 함께 시간을 나누지 못하고 그 때문에 오늘날 지구인들 사이에 믿음이 무너지고 있다. 그래서 가장 친밀한 사이인 가족도 함께 식사하거나 시간을 같이 보내지 못해서 관계가 멀어지기도 한다.

아무튼 믿음을 얻기 위해 시간이 필요하다는 것을 잊지 말

자. 그러나 이 방법은 말 그대로 시간이 많이 필요한 방법이다.

그렇다면 짧은 시간 내에 지구인들의 믿음을 얻으려면 어떻게 해야 할까? 지구인들이 신뢰하는 직업을 얻거나 자격증을 따는 것도 좋은 방법이다. 물론 노력이 필요하다.

또 어떤 이주민은 밥 사 주는 사람을 좋아한다는 기사를 읽고 만나는 지구인에게 매번 밥을 사 주기도 한다. 실제로 그 사람 주변에 많은 지구인이 모여들지만, 돈이 너무 많이 든다는 단점이 있다.

누군가는 사회적으로 성공하면 믿음을 얻을 수 있다면서 좋은 머리를 활용해 사회 지도층이 되자고 주장하기도 했다. 심지어 대통령에 출마하겠다는 사람도 있었다.

그러나 우리 위원회는 장기적인 방법을 권유한다. 우리 스스로 믿을 수 있는 지구인이 되는 것이 우선이라고 생각하기 때문이다. 그를 위해 우리도 지구인들을 믿어야 한다.

2

돈의 정체를 파악하고 잘 활용하라

화폐

돈은 신과 같은 존재

우리가 두 번째 계명으로 정한 것은 '돈의 정체를 파악하고 잘 활용하라.'이다. 지구의 경제생활에서 가장 중요한 것이 돈이지만, 돈이 경제생활의 목적이 아니라 수단이라는 것을 잊지 말라는 의미에서 정한 것이다.

돈은 지구에서 경제생활을 위해 꼭 필요한 것이다. 아름다운 고리에서는 돈을 거의 쓰지 않고 살았다. 그래서 우리에겐 그저 돈이 종이에 잉크를 바른 것으로 보이지만 지구에서는 돈이 매우 중요하다. 지구에서는 문밖만 나서면 돈이 필요하다. '화장실 갈 때도 돈이 필요하다.'라는 말이 있을 정도다(실제로 유럽 등 일부 지역에서는 화장실을 이용할 때 돈을 내야 한다).

오늘날 지구에서 돈은 생명과 직결되는 물이나 산소와도 같다. 그 때문인지 돈은 지구인들에게 신과 같은 존재가 되었다. 절대로 과장이 아니다. 지구인들은 과거 신을 섬기듯 돈을 섬기고 있다.

지구의 역사를 보면 종교가 다르다는 이유로 서로 전쟁을 하고 그 때문에 사람들이 피를 흘리며 죽어 갔는데, 오늘날에는 돈이 없어서 굶주리고 죽어 가는 사람들이 많아졌다. 그것은 지구의 인류가 돈을 중심으로 하는 자본주의를 선택하고 그 시스템 속에서 살아가고 있기 때문이다. 과거에는 그리스의 철학자 프로타고라스(기원전 485?~기원전 414?)의 말처럼 '인간은 만물의 척도다.'라는 생각으로 살았지만, 오늘날에는 '돈은 만물의 척도다.'라는 생각으로 살게 되었다.

우리가 보기에 돈은 만물의 척도가 아니라 생활을 위해 필요한 수단일 뿐이다. 그런데 돈이 전지전능한 힘을 갖고 많은 것을 좌지우지한다는 것은 이해하기 힘들다.

요즘 지구인들은 '돈이 없어서 ○○을 못한다'는 말을 너무 자주 내뱉는다. 친구도 만나지 못하고, 결혼도 하지 못하고, 꿈을 이루지도 못한다고 푸념한다. 우리는 그 원인이 돈을 생활 필수품으로 생각하지 않고 신처럼 숭배하고 지나치게 의지하기 때문이라고 생각한다.

지구에서는 돈이나 물질을 섬기는 것을 '물신 숭배'라고 부른다. 심지어 돈은 신처럼 죽지도 않는다. 돈이 죽었다는 말은 들어 보지 못했다. 오히려 은행에 넣고 시간이 지나면 이자라는 이름을 붙이며 몸집이 더 커지기도 한다.

지구에서 살기 위해서는 돈이 필요하지만, 어린아이가 엄마에게 의지하듯 지나치게 돈에 매달리지 말기 바란다.

돈이 태어난 이유

돈을 생활에 잘 활용하기 위해서는 돈에 대해 알아 둘 필요가 있다. 더욱이 돈을 숭배하지 않기 위해서는 돈의 실체를 파악해야 한다.

돈이라는 말에는 재산, 자산, 화폐 등의 여러 의미가 포함되어 있지만, 일단 여기서는 편의상 돈 또는 화폐라는 말로 부르기로 하자.

그런데 돈에 대해 알아보는 과정에서 한 가지 문제가 생겼다. 돈에 대해 알기 위해 지구에서 나온 수많은 자료를 찾아보았지만, 돈이 무엇인지 그 정체를 다루고 알려 주는 자료가 극히 적었던 것이다. 돈처럼 생활에 필요한 음식이나 사랑, 행복, 게임 등에 대해 다루고 있는 자료는 다 살펴볼 수 없을 정도로 많았지만 정작 신의 지위에 있는 돈이 무엇인지에 대해 다루고 있는 자료는 거의 없었다.

그토록 돈을 모시고 사는 지구인들은 왜 돈의 정체에 대해서는 알려고 하지 않는 걸까? 잘 알지도 못하면서 돈을 버느라 삶을 온통 소비하고 있다. 우리의 물음은 여기서부터 시작되었다.

조사에 따르면, 돈은 원래 물건이 지닌 가치를 정하기 위해 만들어진 것이다. 그렇지만 가치, 즉 가격을 정하는 것은 매우 복잡한 일이었다. 예를 들어 누군가 새끼 돼지를 판다고 하면 파는 사람은 얼마 지나지 않으면 돼지가 자라서 더 높은 가치(가격)로 판매할 수 있음을 알고 있다. 그러니 미래의 가치까지 인정받고 싶어 할 것이다. 즉, 비싸게 팔고 싶어 한다. 반면에 새끼 돼지를 사는 사람은 그 돼지를 먹이고 보살피는 수고를 감당해야 돼지가 클 터이니 미래의 돼지 가격으로 살 수 없는 노릇이다.

이렇듯 대충이라도 새끼 돼지의 거래 가격을 정해 두지 않으면 돼지 한 마리를 사고파는 것도 쉽지 않다.

또 어떤 물건에는 사람들의 애정과 소중한 기억이 담겨 있기도 하다. 금으로 만든 결혼반지를 생각해 보자. 금으로 만든 결혼반지는 금이라는 가치에 더해서 결혼이라는 소중한 추억이 담겨 있는 물건이다. 그런데 소중한 추억의 가치는 책정할 수 없다. 금으로 만든 결혼반지를 팔려고 하면 결혼이라는 두 사람의 소중한 추억은 사라지고 오로지 금의 무게에 따라서 가격이 결정된다.

이를 뒤집어서 생각하면 돈이 물건의 가치를 단순하게 만든다는 것을 알 수 있다. 지금 모습의 새끼 돼지와 추억을 뺀 금의 무게만으로 가격이 정해진다. 이렇게 가치나 가격을 정하는 것은 매우 어렵고 냉정한 일이다. 그렇지만 그 냉정함 때문에 물건을 사고파는 것이 매우 편리해졌다. 즉, 새끼 돼지의 미래나 금반지의 추억을 제거해서 교환과 거래가 쉬워졌다.

돈은 원래 거래와 교환의 편리를 위해 발명된 것이다. 만약 돈이 없었다면 지구의 인류는 문명을 발전시킬 수 없었을지도 모른다. 인류는 돈의 발명을 통해서 거래와 교환에 동반되는 많은 위험과 어려움을 한꺼번에 해결했다.

믿음이 없으면 신도 돈도 존재하지 못한다

그런데 오늘날 지구에서 통용되는 돈이 그 자체로 가치를 가지는 것은 아니다. 그 돈이 지폐라면 그냥 잉크를 바른 종이에 불과할 뿐이다. 어떻게 그 종이가 가치를 갖고 신처럼 높은 지위에 오를 수 있었을까?

해답은 종교의 신과 마찬가지로 '믿음'이었다. 즉, 신을 믿는 것처럼 돈도 믿음이 필요했다. 다만 돈의 경우는 믿음이라는 말보다는 '신용'이라는 말을 더 많이 쓴다.

신은 믿는 사람, 즉 신자가 있어야 존재할 수 있다. 믿고 기억하는 신자가 사라지면 신 또한 사라지게 된다. 지구에서 그렇게 사라져 간 신이 많다. 반대로 믿는 사람이 많아질수록 그 신의 힘은 강해진다. 지구에서 4대 종교라고 일컫는 그리스도교, 이슬람교, 힌두교, 불교는 모두 수억 명 이상의 신자를 갖고 있다. 믿음이 필요한 것은 돈도 마찬가지이다. 돈도 신자의 믿음이 필요하다.

여기에 한국의 오만 원짜리 지폐가 있다고 생각해 보자. 그 돈은 어떻게 '오만 원'의 가치를 갖게 되는 것일까? 만약 누군가 종이에 오만 원이라고 써서 편의점에 가서 물건을 사고 그 종이를 내면 편의점에서는 받아 주지 않는다. 왜일까?

종이에 금액(돈의 가치)이 적혀 있기는 하지만 그것이 돈이라는 믿음, 다른 말로 신용이 없기 때문이다. 사람들이 종이에 적힌 금액을 믿지 않기 때문에 오만 원이라고 쓴 종이는 돈이 되지 못한다.

그렇다면 사람들의 믿음을 얻기 위해서는 어떻게 해야 할까? 그 비밀은 국가가 쥐고 있다. 사람들은 국가를 믿고 있기에 국가에서 발행한 지폐에 적힌 금액을 믿는다.

오늘날 지구에서 사용하고 있는 돈은 대부분 국가에서 발행한다. 지갑에 있는 돈을 꺼내서 살펴보면 앞뒷면에 국가가 발행했다는 표시와 돈의 금액이 적혀 있다. 곧 믿음의 근거와 금액이 함께 표시되어 있다. 국가는 미팅이나 소개팅의 주선자처럼 서로 믿을 수 없는 낯선 사람들 사이에 믿음을 주어 안전하게 그 돈을 사용할 수 있게 해 준다.

처음 돈이라는 것이 만들어졌을 때는 주로 주화의 형태였다. 오늘날의 동전을 생각하면 이해하기 쉽다. 다만 주화의 재질이 금이면 금화, 은이면 은화가 된다. 주화의 한쪽에는 돈이 얼마인지 그 가치가 표시되어 있고 다른 한쪽에는 주화를 만들 때의 황제 얼굴이나 국가를 대표하는 상징물이 새겨져 있다. 그래서 옛 동전이 발견되면 언제 만들어진 것인지를 쉽게 알 수 있다.

오늘날에도 크게 다르지 않다. 돈은 국가가 발행하기 때문에 돈의 가치와 함께 그 돈을 발행한 은행이나 그 나라를 대표하는 인물의 초상이 그려져 있다. 예를 들면 한국의 오만 원짜리 지폐에는 신사임당이 그려져 있는데 그것은 한국 사람들이 합의해서 신사임당을 그려 넣기로 했기 때문에 가능한 일이다. 신사임당이 한국을 대표하는 사람 가운데 하나이고 한국인 모두가 알고 있는 믿을 수 있는 사람이기 때문이다.

그렇다고 모든 화폐에 사람의 얼굴이 그려져 있는 건 아니다. 아프리카에 속한 몇몇 국가의 화폐에는 코뿔소나 코끼리 등이 그려져 있다. 그것은 아프리카의 국가들이 믿음을 위해 인물보다 그들 특유의 자연을 선택했기 때문이다.

이렇듯 돈의 한쪽에는 그 가치가, 다른 한쪽에는 돈의 가치를 보증하는 믿을 수 있는 기관(그것이 황제든 국가의 은행이든)

남아프리카공화국의 화폐(2012년 발행) 남아프리카공화국 중앙은행은 10, 20, 50, 100, 200랜드의 앞면에 각각 멸종 위기에 놓인 대표적 야생 동물들의 그림을 넣었다. 그 다섯 동물은 남아공에서 흔히 볼 수 있어 '빅 파이브 동물'이라고 불린다.

이 표시되어 있다. 다시 말해 한국인이 오만 원짜리 지폐를 쓸 수 있는 것은 국가가 그 돈의 가치를 보증하기 때문이다. 만약에 국가를 믿을 수 없게 되면 그 돈은 가치를 잃게 된다. 실제로 부도난 국가의 돈은 사용할 수 없다. 신용이 없기 때문이다.

이와 달리 강대국의 돈은 강한 믿음(신용)을 갖고 있기에 다른 나라에서도 그 돈을 쓸 수 있다. 오늘날 지구에서 가장 힘이 센 돈은 미국의 달러이다. 힘이 센 달러는 세계 어디에서나 손쉽게 사용할 수 있지만, 힘이 약한 국가의 돈은 대체로 그 나라에서만 사용할 수 있다. 그것은 돈이 아니라 그 돈을 발행한 국가에 대한 믿음 때문이다.

최초의 돈은 몸을 치장하는 장신구

그렇다면 국가가 없었던 고대 사회에서는 어떻게 돈을 만들어 썼을까? 지구의 인류는 옛날에 조개껍데기나 고래 이빨, 쇠막대기 등을 돈처럼 사용했다고 전해진다. 먼 과거의 아름다운 고리도 그랬다.

물론 조개껍데기나 고래 이빨, 쇠막대기 등은 넓은 의미에서는 돈이라고 부를 수 있겠지만 오늘날 사람들이 돈이라고 부르는 것과는 조금 다르다. 정확하게 말하면 조개껍데기는 돈으로 사용되었다기보다 어떤 경우에 돈처럼 활용되었다고 하는 편이 맞다. 이 말은 조개껍데기나 고래 이빨, 쇠막대기 등으로 다른 물건을 살 수는 없었다는 뜻이다.

그렇다면 조개껍데기와 고래 이빨, 쇠막대기와 같은 것은 어떻게 돈의 역할을 했을까? 그 수수께끼를 푸는 열쇠 가운데

고대 중국의 패화 고대 중국에서 사용된 조개껍데기로 만든 화폐이다. 조개껍데기나 돌 등을 이용한 화폐를 자연 화폐라고도 한다.

하나는 엉뚱하게도 우리 몸을 치장하는 장신구이다. 고대 사회에서 돈처럼 쓰인 물건의 특징 중 하나는 그 돈이 몸을 치장하는 장신구로 사용되었다는 점이다. 오늘날의 목걸이나 귀고리, 스카프처럼 몸을 아름답게 꾸미는 물건을 돈처럼 사용했다. 그러니까 조개껍데기나 고래 이빨로 목걸이를 만들어 목에 걸기도 했다는 것이다.

좀 이상하지 않은가? 오늘날의 상식이라면 금과 은처럼 희귀한 금속이나 구하기 힘든 것을 돈으로 사용하는 게 맞을 것 같은데 기껏 조개껍데기 같은 몸을 치장하는 장신구를 쓰다니 말이다.

그 까닭은 돈의 역할에서 찾아야 한다. 고대에는 인구도 적었고 생활에 필요한 물건이 많지 않았기 때문에 거래와 교환이 활발하지 않았다. 옷을 예로 들면 최근까지도 인류 대부분이 집에서 만들어 입었다(한국에서 만들어진 옷, 즉 기성복을 널리 입게 된 것은 1970년대 이후이다). 따라서 옷을 사기 위해 달리 돈이 필요하지 않았다. 옷뿐만 아니라 생활에 필요한 물건 대부분이 그러했다. 지구에서는 이런 것을 '자급자족'이라고 부른다.

예전 인류의 생활에서 물자가 많이 필요할 때는 대체로 통과 의례라고 일컫는 삶의 중요한 단계에서였다. 통과 의례는 결혼이나 장례처럼 삶이 크게 변하는 때에 행해지는 의례이다. 결혼이나 장례는 평소와 달리 여러 사람이 참여하기 때문에 음식과 옷 등 많은 물건이 한꺼번에 필요해진다. 오늘날의 표현을 빌리면 '돈이 많이 들어가는' 때이다.

통과 의례 외에도 돈이 많이 들어가는 일이 있었다. 그것은 다른 사람을 죽게 만들었거나 다른 사람의 물건을 부수었을 때였다. 이때는 배상을 해야 했고 그 또한 '돈이 많이 들어가는' 일이었다.

예를 들어 사소한 시비 끝에 칼로 사람을 찔러서 죽였다고 해 보자. 이 경우 죽은 사람의 가족에게 어떻게 배상을 해야 할까? 또 오랫동안 공들여 키운 누군가의 딸을 신부로 맞이할 때 그 보상을 어떻게 해야 할까? 대부분 농사를 지었던 고대 사회에서 중요한 가치였던 노동력을 생각해 보면 사람을 죽이거나 신부를 맞이하는 것이 어떤 의미인지 쉽게 이해할 수 있다.

먼저 사람을 죽인다는 것은 그 사람이 일하지 못하게 만드는 것이다. 달리 말하면 그가 죽을 때까지 일을 하면 얻을 수 있는 이익을 없애는 것이다. 그런가 하면 신부를 맞이하는 것은 가사 노동을 비롯한 여러 노동의 가치와 노동을 할 수 있는 아이를 낳는다는 점에서 엄청난 이익을 얻는 일이다.

이렇듯 사람을 죽이거나 신부를 맞이하는 것은 경제적으로 큰 의미가 있는 일이었다. 그런데 그것을 공짜로 해결할 수는 없는 노릇이다. 그래서 대가를 치러야 했다. 사람의 목숨은 원칙적으로 다른 사람의 목숨으로만 갚을 수 있다. 흔히 '피의 복수'라고 부르는 것이다. 그러나 누군가를 죽였다고 그 사람을 죽일 수는 없다. 매번 그렇게 복수를 하고 서로를 계속 죽이게 되면 살아남을 사람이 없어진다.

또 결혼은 여자를 돈을 주고 사는 것이 아니다. 인류의 삶을 돌이켜 보면 어느 시대나 가장 소중한 것은 사람이었다. 예나 지금이나 사람은 가격을 매길 수 있는 상품이 아니다. 그래서 사람을 사고파는 인신매매는 오늘날에도 가장 악질적인 범죄 가운데 하나로 꼽힌다. 살 수 없고 팔 수 없는 것을 사고팔기 때문이다.

그러나 늘 살인은 일어나고 결혼은 해야 했다. 죽은 사람은 억울하다. 아무리 많은 보상을 해 준다 해도 그 억울함이 사라지지 않는다. 곱게 키운 딸을 결혼시키는 것도 경제적으로 억울한 일이다. 경제적으로만 따지면 일을 할 수 있는, 다른 말로 하면 노동력을 가진 딸을 잃는 일이다. 그 억울함에 대한 보상이 필요했다. 물론 보상을 한다고 해서 억울함이 사라지는 것은 아니겠지만 그래도 성의 표시를 할 필요가 있었다. 그때 활용된 것이 조개껍데기나 고래 이빨, 쇠막대기 등과 같은 장신구였다. 그래서 돈으로 사용된 것이 아니라 활용되었다고 말한 것이다.

빚에서 태어난 돈

살인과 결혼에 대한 배상으로 장신구를 주었다고 하지만, 사람은 물건이나 상품이 아니기에 그것으로 해결할 수 없다. 대가를 치렀다고 없었던 일이 되는 것은 아니다.

이때 사람들의 마음속에 부채(빚)가 생겨난다. 살인이나 결혼 등은 도저히 돈으로 갚을 수 없는 부채이다. 그러니까 빚을 갚는 것이 아니라 빚을 졌다는 표시로 준 것이 장신구로 쓸 수 있는 돈이었다. 다른 말로 하면 빚에서 돈이 태어났다.

그럼 왜 장신구를 돈으로 활용했을까?

장신구는 우리의 몸을 꾸미고 치장하는 것이다. 명품 가방을 들고 비싼 옷으로 치장하는 것은 아름답게 보이거나 주위 사람들의 시선을 끌기 위해서이다. 즉, 몸을 치장하는 원래의 목적은 개인적인 만족감을 위한 것이라기보다는 사회적인 관계를 위한 행위이다.

돈으로 활용된 장신구에는 조개껍데기나 쇠막대기에 더해

서 구슬이나 깃털 등도 포함되었다. 이것들은 모두 아름다움의 표현이나 과시와 관련이 있다. 장신구는 벌거벗은 신체, 즉 자연의 상태에 인위적인 치장을 하는 것이다. 다르게 표현하면 자연적으로 형성된 동굴에 살다가 집을 짓고 살게 되는 것과 유사하다. 그러니까 벌거벗은 신체를 사회적인 존재로 만들어 준 것이 장신구라는 말이다.

따라서 인류가 최초의 돈으로 장신구를 활용한 것은 어쩌면 당연한 일이다. 살인이나 결혼 등은 빚으로 얽힌 사회적인 관계이니 그러한 사회적인 존재임을 드러내는 장신구를 그 표시로 준 것이다.

금과 은의 역할

하지만 앞서 말했듯이 장신구는 돈처럼 활용되었으나 돈으로 사용되지는 않았다. 그러니까 그 장신구로 물건을 사지 않았다는 뜻이다.

시간이 흐르면서 사람들 사이에 거래와 교환이 늘어났고 그때 편하게 활용할 수 있는 돈이 필요했다. 빚을 졌다는 것을 표시하기 위해 태어난 돈은 이제 인류의 삶을 편리하게 해 주는 역할을 맡았다. 그 역할의 핵심은 사고파는 것의 가치를 정하는 것이었다. 물건에 가격이 정해져 있지 않으면 매번 그 물건이 얼마짜리인지를 놓고 흥정을 하거나 말다툼을 해야 했다.

돈이 널리 활용되고 물건에 가격이 붙으면서 물건을 사고파는 일이 매우 쉬워졌다. 물건을 사고파는 사람 사이에 돈이 나타나 흥정과 말다툼 없이 편리하게 거래를 할 수 있게 만들었다는 말이다. 오늘날에는 말을 한마디도 하지 않고 물건을 살 수 있다.

초기의 돈은 스스로 가치를 갖고 있었다. 즉, 금화와 은화는 금이나 은과 같은 귀금속의 가치를 그대로 지니면서 돈의 역할을 했다. 금과 은이 돈의 역할을 했던 것은 쉽게 구할 수 없는 귀금속이었기 때문이다.

그렇지만 거래와 교환이 활발해지면서 금화와 은화로 물건을 사는 것은 불편했다. 만약 편의점에서 과자 한 봉지를 산다고 하면 금과 은으로 어떻게 돈을 내야 할까?

이 때문에 화폐라고 불리는 돈이 생겼다. 오늘날 지구에서 활용되는 지폐와 동전 등이 그것이다. 지폐와 동전은 거래와 교환의 편리함을 제공했지만 여기에는 걸림돌이 있었다. 금화나 은화 또는 금과 은이 지니고 있던 가치를 새로 만든 화폐에 어떻게 유지할 것인가 하는 문제였다. 앞에서 이 문제를 국가가 해결했다고 말했다. 국가의 신용이 사람들에게 믿음을 주어 종이 쪼가리에 불과한 것을 화폐로 생각하고 사용할 수 있게 되었다.

또 하나의 걸림돌이 있었다. 국가가 제멋대로 화폐를 발행하면 어떻게 될까? 왕이 사치를 하기 위해 돈이 필요하다고 제멋대로 찍어 내거나 국가가 필요할 때마다 마구잡이로 돈을 찍어 내면 어떻게 될까? 돈은 믿음을 잃고 그 가치가 폭락하게 된다.

지구 역사에서 국가가 무리하게 화폐를 발행해 돈의 가치가 폭락한 대표적 사례로 1919~ 1923년의 독일을 들 수 있다. 1차 세계 대전에서 패망한 독일은 대량의 실업과 어마어마한 전쟁 배상금 지급을 극복하기 위해 화폐를 마구 찍어낸 것이다. 1919년에는 빵 한 덩어리가 0.5마르크였다. 그러나 돈의 가치가 떨어져 1923년 11월에는 빵 한 덩어리가 1000억 마르크까지 뛰었다. 엄청나게 높은 가격을 지불하기 위해 역사상 최고 액권인 1조 마르크짜리 지폐가 발행되기도 했다. 말 그대로 화폐가 종잇조각이 되고 만 것이다. 이런 것을 경제 용어로 '인플레이션'(inflation)이라고 부른다. 따라서 국가가 신용을 발휘한다고 해도 마음대로 돈을 찍어 내면 안 되고 돈을 찍어 내기 위한 근거가 있어야 한다.

그래서 생각해 낸 것이 국가 자체의 신용을 유지하기 위해 돈을 찍어 낸 만큼 금과 은을 보관하는 것이었다. 새롭게 돈을 찍으려면 금광이나 은광에서 금과 은을 채굴하거나 외국에 물건을 팔아서 받은 금과 은을 갖고 있어야 했다. 쉽게 말해서 누군가 화폐 1억 원을 국가에 제시하면 1억 원어치의 금과 은으로 바꿔 줄 수 있어야 했다. 이렇게 금과 은을 기준으로 화폐를 발행하는 것을 금이 기준이 되면 '금 본위제', 은이 기준이 되면 '은 본위제'라고 한다.

그런데 인구의 증가와 교통의 발달로 세계가 복잡해지고 가까워지면서 거래와 교환이 엄청나게 증가했고, 그에 따른 돈의 역할도 커지고 금액도 커져 금과 은을 기준으로 한 화폐 발행은 거의 불가능한 일이 되고 말았다.

1972년에 지구에서 가장 힘이 센 돈을 가진 미국이 금 본위제를 공식적으로 폐지한 후 오늘날에는 국가의 신용만으로 화폐가 발행되고 있다. 그 때문에 오늘날은 과거보다 국가의 신용이 더 중요해졌다.

미래의 돈

지금까지 돈이 어떻게 태어나서 어떤 모습으로 성장했는지를 대강 살펴보았다. 그렇다면 앞으로 지구에서 돈의 운명은 어떻게 될까?

돈을 둘러싼 현대의 특징 가운데 하나는 돈이 사라지고 있다는 것이다. 물론 돈 자체가 없어진다는 게 아니라 실제 돈이 사라지고 있다는 말이다. 실제 돈이란 흔히 '현금'이라고 부르는, 만질 수도 있고 볼 수도 있는 그런 돈을 가리킨다.

현금이 사라지는 것은 세계적인 현상이다. 세계 전체로 보면 거래의 85퍼센트가 현금으로 이루어지고 있지만, 미국을 비롯한 선진국의 경우는 현금의 사용이 절반도 되지 않는다. 이미 많은 사람들이 아르바이트비나 월급을 현금이 아닌 통장으로 받고 있다. 정확하게 말하면 돈이 아니라 통장에 찍힌 숫자를 받고 있다. 게다가 신용 카드가 최근에 널리 사용되면서 물건을 살 때 현금을 내는 일이 크게 줄었다. 물건을 살 때도 현금보다는 숫자로 내는 경우가 많다는 말이다.

이런 현상을 부채질한 것은 인터넷을 통한 쇼핑이다. 거래 공간 자체가 가상 공간이라 현금으로 낼 수 없기 때문이다. 여기에 최근 들어서 '○○ 페이'라고 불리는 것들이 등장해 돈의 지불이 더욱 편리해지고 있는데 이것들 또한 현금 거래가 아니다. 국가 역시 돈을 만드는 데 많은 비용이 든다는 것과 투명한 거래여서 세금 징수에 유리하다는 이유로 현금보다는 카드나 '○○ 페이'의 사용을 권장하고 있다.

카드나 '○○ 페이'처럼 숫자로 물건을 사고팔게 되면서 사람들은 그 숫자 뒤에 현금이 있다는 것을 잊어 가고 있다. 게임을 하듯이 실제적인 세상, 즉 현실에 대한 감각이 둔해지고 물건을 사는 소비 패턴에도 변화가 생겼다. 달리 표현하면 "손에서 멀어지면 마음에서도 멀어진다."고 할 수 있다. 손에 쥐고 있던 돈이 숫자로 바뀌면서 소비하는 물건 또한 일회적인 것으로 바뀌고 있다. 인터넷이 소비에 적극적으로 활용되고 사람들 사이의 접촉이 크게 줄어들어 사람들 사이도 그만큼 멀어졌다.

　이런 추세라면 앞으로 지구인들이 몸에 화폐 칩을 삽입하자고 할 수도 있다. 몸에 칩을 심는 것에 저항이 크다면 일정한 금액을 쓸 수 있는 삼키는 알약을 개발해 넬지도 모른다. 이런 상상을 하는 것은 점점 돈이 지불이 편리한 쪽으로 변해 가고 있기 때문이다.

　또 하나 최근에 큰 화제가 된 것은 블록체인 기술을 배경으로 한 암호 화폐이다. 암호 화폐는 투기의 대상이 되면서 부정적인 모습으로 비치기도 했지만, 원리 자체로 보면 새로운 돈의 출현이라는 점에서 획기적인 화폐였다.

　암호 화폐의 가장 중요한 특징은 화폐를 국가가 발행하지 않는다는 점이다. 그동안 화폐의 핵심은 신용을 국가가 보증한다는 점이었다. 그러나 국가의 신용에 기대지 않고 오늘날 발전된 기술로 새로운 신용을 창출하여 화폐를 만들어 낸 것이 암호 화폐이다. 의심스러운 국가의 신용 대신에 수많은 사람이 참여하는 네트워크를 신용으로 삼겠다는 의미이다.

　다시 말해 돈은 인간관계처럼 늘 신용(믿음)을 필요로 하는데, 이제까지 국가가 그 믿음을 만들었다면 이제 첨단 기술과 수많은 사람이 그 믿음을 만들겠다는 것이 암호 화폐이다.

　앞으로 암호 화폐 외에도 돈에 대한 많은 실험이 이루어질 것이다. 어쩌면 미래에는 지구의 과거처럼, 또는 우리가 떠나온 아름다운 고리에서처럼 돈이 별로 쓰이지 않는 세상이 올

지도 모른다. 어쨌든 아무리 돈이 형태를 바꾸며 우리를 어리
둥절하게 만들지라도 돈의 속성은 앞에서 살펴본 대로라는 것
을 기억하자.

돈을 섬기지 말고 활용하라

이제까지 지구에서 쓰고 있는 돈에 대해 간략하게 살펴보았
다. 돈의 역사를 인간의 삶에 비유하면 아래와 같다.

부채(빚)를 부모로 삼아 태어난 돈은 금과 은(또는 곡식이나
옷감 등)의 모습으로 성장했다. 이때까지는 아직 믿음(신용)이
없었다. 돈이 성인이 되어 독립한 것은 국가라는 직장을 얻어
신용을 갖게 된 이후였다.

물론 어른이 되었다고 해서 제멋대로 행동해도 된다는 뜻은
아니다. 여전히 부채라는 부모가 있고 금과 은의 모습을 한 청
소년기의 영향이 남아 있기 때문이다. 오늘날에는 금 본위제
의 폐지와 기술의 발달로 새로운 삶을 모색하고 있다.

이제 성인이 된 돈이 어떤 삶의 길을 걸어갈지는 아무도 모
른다. 그러나 돈은 가치를 측정하기 위한 수단으로 발명된 것
이기에 인류의 삶을 편리하게 해 주는 쪽으로 나아갈 것이다.

앞에서 지적한 것처럼 돈이 투명인간처럼 사라져 보이지 않
는 시대가 올지도 모른다. 아름다운 고리에서 우리는 돈이 별

로 필요 없는 생활을 했다. 그 경험을 살리면 좀 더 편리한 경제생활을 할 수 있고 지구인에게 도움을 줄 수도 있을 것이다.

오늘날 지구인들이 물신 숭배에 빠진 것은 믿음의 대상을 착각한 것에서 발생한 것이다. 돈은 살아가는 데 필요하고 벌어야 하지만, 돈을 많이 버는 사람이 행복한 것이 아니라 돈을 효과적으로 잘 쓰는 사람이 행복한 사람이다. 우리는 그렇게 믿는다.

3

가치 있게 투자하라

부채

두 종류의 부채

경제에서 가장 중요한 것은 돈이 아니라 신용이라고도 불리는 믿음이다. 믿음이 없다면 돈도 벌기 힘들고 거래를 하기도 힘들어진다. 물건을 주문했는데 벽돌이 상자에 담겨 오거나 엉뚱한 물건이 배달되면 어떨까(실제로 한 아름다운 고리의 이주민이 가방 대신 벽돌을 받았다)? 아니면 물건의 양을 속이거나 가격을 속인다면?

세상에서 믿음이 사라지면 할 수 있는 일이 거의 없다. 음식점 주인을 믿지 못하면 음식을 먹을 수 없고, 지하철 기관사나 버스 운전기사를 믿을 수 없다면 꼼짝도 할 수 없게 된다. 아름다운 고리는 강한 믿음을 토대로 한 사회였기에 산소나 물처럼 믿음은 당연한 것이었지만 지구는 그렇지 않다. 한국에는 '눈 감으면 코 베어 갈 세상'이라는 말이 있을 정도로 위험하기도 하다.

물론 믿음이 없으면 함께 살 수가 없다는 것을 알고 있는 지구의 인류도 오랜 세월 동안 위험을 피하고 믿음을 만들기 위해 애써 왔다. 바로 부채와 교환 시스템을 통해서였다. 부채와 교환은 인류의 경제생활을 지탱하는 두 개의 축이다.

오늘날 경제나 물질로 말미암아 불행을 불러오는 수많은 삶의 문제들은 오랫동안 인류가 유지해 왔던 부채와 교환 시스템에 혼란이 생기면서 벌어진 일들이다. 우리가 정한 세 번째 계명은 부채와 교환 가운데 부채 시스템과 관련이 있다. 부채(빚)는 아름답고 행복한 인간관계에 절대적이라고 해도 좋을 정도로 중요하지만, 자칫 사람을 지옥과 같은 불행에 빠뜨리기도 한다.

이렇게 부채가 상반된 얼굴을 가진 것은 크게 두 종류의 부채가 존재하기 때문이다. 하나는 인간적 부채이고 다른 하나는 상업적 부채이다. 인간적 부채는 사람들 사이에 생긴 부채이고 상업적 부채는 은행과 같은 금융권에 진 부채를 가리킨다. 대체로 인간적인 부채가 많아지면 믿음이 생기고 상업적인 부채가 많아지면 믿음이 줄어든다(이를 신용이 떨어진다고도 표현한다).

돈이나 재물이 사람 사이의 윤리와 도덕까지 훼손하기 시작한 것은 인류가 빚에 두 종류가 있다는 것을 망각하거나 혼동했기 때문이다. 따라서 부채를 잘 이해하면 인류의 물질생활뿐만 아니라 인간관계에 대해서도 잘 이해할 수 있다.

빚의 탄생

우리를 포함한 지구인들이 매일 사용해야 하는 돈은 빚에서 태어났다는 것을 앞에서 살펴보았다. 돈은 우리가 얼마나 빚을 지고 있는지를 측정하고 계산하기 위해 태어났기 때문이다. 그래서 빚의 탄생은 돈의 탄생과 맞물려 있다.

고대 사회의 빚은 오늘날의 지구인이 생각하는 빚과 그 성격과 생김새가 달랐다. 오늘날 빚은 대체로 돈과 관련되어 있다. "빚을 졌어."라고 하면 "얼마?"라고 말하며 곧바로 돈을 생각한다.

과거에는 그렇지 않았다. 과거 인류가 생각한 가장 큰 빚은 생명이었다. 세상에 태어나게 한 신이나 부모에게 빚을 졌다고 생각했다. 신의 말을 따르고 때마다 제사를 지냈으며 부모에게 효도해서 그 빚을 갚아야 한다고 믿었다. 이런 생각과 믿음은 오늘날에도 여전히 남아 있다. 첫 번째 계명에서 돈이 태어난 과정을 살펴보면서 사람을 죽이거나 결혼을 통해 아내를 맞이하는 것도 빚이라는 것을 배웠다.

그런데 차츰 인구가 증가하고 사회가 복잡해지면서 빚에 대해 좀 더 명확한 기준이 필요해졌다. 예를 들면 살인이나 결혼은 도저히 갚을 수 없는 빚이지만, 빚을 졌다는 것을 표현하기 위해 '살인과 결혼의 대가로 황소 40마리를 준다.'라는 식으로 물질적인 기준을 정한 것이다.

흥미로운 것은 고대 사회 대개의 지역에서 살인과 결혼이라는 빚을 위해 내야 하는 돈이 거의 같았다는 점이다. 살인과 결혼 모두 한 사람의 노동력을 빼앗는 것이라는 인식이 있었기 때문에 그에 대한 대가도 비슷했다. 거듭 강조하지만, 이렇게 황소 40마리를 주었다고 해서 살인에 대한 죄가 사라지는 것도 아니고 신붓값을 지불했다고 해서 아내를 내 것으로 생각해도 좋다는 의미는 더더욱 아니다. 결혼을 위해 신붓값을 내는 것은 물건처럼 아내를 사 오는 게 아니라 빚을 졌다는 표시이다.

이렇게 '살인과 결혼의 대가로 황소 40마리를 준다.'라는 식으로 만들어진 빚에 대한 기준은 다른 상황에도 적용되었다. 그리고 그에 대응하기 위한 엄밀한 기준이 필요해졌다. 살인이 아니더라도 상처를 입혀서 상대가 한동안 일을 하지 못하게 만든 경우나 상대의 가축을 죽이거나 물건을 파손한 경우에 살인이나 결혼과 비교하여 이를 어떻게 처리하고 갚아야 하는지가 문제가 되었다는 말이다.

예를 들어 가축을 죽였다면 다른 가축으로 배상을 하면 간단하지만, 만약 가축을 죽인 사람이 가축을 갖고 있지 않다면 가축을 사서 피해를 준 사람에게 갚아야 한다. 이때 가축이 어느 정도의 가치가 있는지 기준을 정해야 했다.

이렇게 더 엄밀해진 빚의 잣대를 떠맡은 것이 돈이었다. 얼마를 빚졌는지를 명확하게 측정하기 위해 돈이 만들어졌다는 뜻이다.

빚은 사랑을 만드는 힘

이제 빚이 태어난 것을 알았으니 빚의 성격에 대해 알아볼 차례이다.

앞에서 빚에는 인간적인 빚과 상업적인 빚, 두 가지가 있다고 했다. 둘 다 빚이어서 같은 것으로 생각하기 쉽지만, 성격이 전혀 다르다. 비유해서 말하면 일란성 쌍둥이를 닮았다. 이들 쌍둥이는 얼굴은 구별하기 힘들 정도로 닮았지만, 빛과 그림자 또는 하늘과 땅처럼 서로 완전히 다르다. 따라서 얼굴만 보고 헷갈리지 말고 쌍둥이의 진짜 모습을 잘 이해하고 구별하는 것이 무엇보다 중요하다.

예를 들면 사람들이 더치페이가 공정하다고 생각하는 이유 가운데 하나는 위의 쌍둥이를 바꾸어 생각했기 때문이다. 누군가와 함께 식사하고 자기가 먹은 것을 자기가 계산한다는 더치페이는 '누군가', '함께'라는 인간관계를 배제하고 서로 상업적인 빚이 없어야 한다는 생각만이 전제로 깔려 있다. 곧 더치페이가 공정하다고 생각하는 것은 다른 사람에게 빚을 지고 싶지 않다는 생각에서 출발한다.

그러나 누군가와 함께 식사를 하는 것은 혼자 밥을 먹는, 이른바 '혼밥'을 하는 것과 성격이 엄연히 다르다. 같은 식사라고 해도 그 내용이 다르다. 소개팅을 한다고 해 보자. 소개팅을 하면 대체로 식사를 한다. 식탁을 사이에 두고 남녀가 서로 마주 보고 앉아 식사를 하는 모습을 상상해 보라. 지금까지 서로 알지 못했던 낯선 남녀가 함께 식사를 나누며 조심스럽게 서로의 신상에 대해 묻고 이런저런 이야기를 통해 상대방을 알아간다.

이 과정은 앞에서 살펴본 낯선 사람들끼리의 물물 교환과 닮았다. 낯선 사람과 만나는 것은 과거에도 그랬지만 오늘날에도 늘 위험하고 조심스럽다. 소개팅 남녀가 함께 식사하는 것은 밥을 먹는 행위가 주된 목적이 아니다. 밥을 먹는 것은 낯선 관계의 서먹함을 줄이기 위한 하나의 수단이다. 낯선 부족들이 만나면 서로를 칭찬하고 함께 술을 마시며 친해진 다음에 물물 교환을 했던 것처럼 말이다.

어쩌면 소개팅에서 만난 남녀는 서로에게 마음이 가고 연인

관계가 되어 결혼에 이를 수도 있다. 그래서 얼마 전까지 전혀 알지 못했던 두 사람이 세상에서 가장 가까운 사이인 부부가 되기도 한다.

이런 사례는 소개팅 남녀 외에도 많다. 친구를 사귈 때도 이와 유사한 과정을 거친다. 이런 과정을 통해 모르던 사람이 평생을 알고 지내는, 세상에 둘도 없는 친한 친구가 되기도 한다. 이렇게 직장 동료가 되기도 하고 믿음직한 비즈니스 파트너가 되기도 한다.

지구인들이 흔히 하는 인사 가운데 "언제 밥이나 한번 먹자."라는 말은 밥이 목적이 아니라 만남이 목적이다. 혼자 밥을 먹는 것은 배고픔을 달래거나 생존을 위해 먹는 것이지만, 함께 식사하는 것은 그 목적에 더해 관계를 돈독하게 만들기 위한 수단이 되기도 한다는 말이다.

물론 한 번의 만남 외에 더 이상 만날 필요가 없는, 다르게 표현하면 낯선 사람과의 교환(식사)은 더치페이가 공정하다. 굳이 손해를 볼 필요는 없다. 그러나 사람들이 일상적으로 경험하는 식사 자리는 관계의 지속을 전제로 하고 있다. 늘 함께 밥을 먹는 사람들을 '식구'(食口)라고 부르는 이유도 여기에 있다.

그렇다면 식사를 하고 누가 돈을 내야 할까? 이 물음의 핵심은 밥값이 얼마인가가 아니라 누가 누구와 식사를 했는가 하는 것이다. 예를 들어 부모와 자식 사이에서는 더치페이를 하지 않는다. 누가 밥값을 내든 한쪽에서 낸다. 이들 사이에서 더치페이는 냉혹하고 불공정한 일이 되기 때문이다.

낯선 사람이 아닌 친한 사람들과 식사를 할 때 더치페이가 공정하다고 생각하는 사람들은 목적과 수단을 혼동하는 것이고 인간적 빚과 상업적 빚을 혼동하고 있는 것이다. 그렇지 않다면 이들은 겉으로 친해 보이지만 실제로는 낯선 사람처럼 친하지 않은 경우일지도 모른다.

왜 그런가 하면, 식사든 개인적인 선물이든 누군가에게 제공하면 받은 사람은 빚을 지게 된다. 그 빚을 갚기 위해 다음의 약속('밥이나 한번 먹자' 같은)이 이어지고, 서로에게 빚을 주고 다시 받으며 친구가 되고 파트너가 되고 부부가 될 수도 있기 때문이다.

빚을 갚는 방법

빚이 두 종류가 있기에 빚을 갚는 것도 두 종류가 있다. 인간적인 빚은 인간적인 형태로 갚고, 상업적인 빚은 물질이나 돈으로 갚아야 한다.

빌린 돈을 돈이나 집과 같은 물질로 갚는 것이 오늘날 지구인들이 일반적으로 생각하는 상업적 빚 갚기이다. 예를 들면 누군가 집을 담보로 해서 은행에서 돈을 빌렸다면 돈을 벌어서 이자를 더해 돈을 갚아야 하고, 만약 그 돈을 갚지 못하면 집은 은행으로 넘어가고 은행은 그 집을 처분해서 빌려준 돈을 회수한다.

이렇듯 상업적인 부채는 어렵지 않다. 100만 원을 빌렸으면 빌린 기간에 따라 이자를 더해서 100만 원이 넘는 돈을 갚거나 그에 맞먹는 물건으로 갚으면 끝이다.

그런데 인간적인 빚은 좀 복잡하다. 그것은 얼핏 보기에 계산이 명확하지 않기 때문이다. 여기서 계산은 덧셈과 곱셈 같은 산술적인 계산을 의미한다. 그러나 계산에는 산술적 계산만 있는 게 아니다. 보이지 않는 빚의 계산이 있다. 애초에 얼마나 빚졌는지를 측정하기 위해 돈이 발명되었다는 것을 기억하자.

예를 들어 A가 B의 결혼식에 참석했다고 하면 B는 A에게 빚을 지게 된다. 그 빚은 두 가지다. 하나는 결혼식 축의금이라는 이름으로 낸 돈이고, 또 하나는 시간을 내어 찾아와 축하해 주었다는 계산할 수 없는 빚이다.

이 빚을 갚기 위해서는 축의금은 물론이고 A나 A 가족의 경조사에 얼굴을 내밀어야 한다. 주말에 시간을 내서 결혼식장을 찾는 행위를 얼마로 계산할 수 있을까? 그것은 수학으로 계산할 수 있는 것이 아니다. 앞에서 말한 것처럼 A와 B는 그렇게 서로의 경조사를 챙기면서 자주 만나게 되고 더욱 가까운 사이가 될 수도 있다. 사회는 이렇게 빚으로 이루어진, 그물처

20세기 초 한국의 장례 과거 한국에서는 장례를 치를 때 마을 사람들이 모여 서로 돕고 함께 음식을 나누며 빚을 지고 또 갚아 나갔다.

럼 촘촘한 관계의 망으로 구성되어 있다.

　위에서 살펴본 대로 인간적 부채는 상업적 부채처럼 숫자로 표시되지도 않고 계산할 수도 없다. 그래서 오늘날처럼 과학적인 세계관이 지배하는 사회에서 볼 때 명확하지 않다. 숫자로 표시할 수 없으니까 말이다.

　이런 명확하지 않은 인간적인 빚을 챙겨야 하는 이유는 무엇일까? 만약 인간적인 빚이 없다면 나 이외의 사람은 철저한 타인 또는 낯선 사람이 되고 만다. 과거에는 누군가 세상을 떠나면 친척뿐만 아니라 마을 사람들이 함께 장례를 치렀다. 언젠가 자기의 일이 될 것이기에 따로 그 대가를 받지도 않았다.

일이 생길 때마다 서로 도우며 살았다. 달리 표현하면 서로 빚을 지며 살았다.

하지만 오늘날 인간적인 빚을 상업적인 빚이 대신하게 되면서 미래에 닥쳐올 장례를 위해 상조 회사에 가입해 매월 돈을 내는 사람들이 늘어나고 있다. 과거에는 돈이 따로 들지 않았지만, 오늘날에는 이처럼 돈이 든다.

이것은 비단 개인적인 관계에만 적용되는 것이 아니다. 종교에서 선행을 권하고 그 대가로 죽은 다음에 천국이나 낙원에 간다고 하는 것도 이런 생각이 전제된 것이다. 착한 일을 한다는 것은 함께 살아가는 사람들에게 유익한 것이니 종교는 그것을 권유하기 위해 천국이나 낙원을 통해 그 빚을 갚아 주겠다고 약속하는 것이다.

또 나쁜 짓을 하면 하늘이 안다고 표현하는 것도 같은 맥락이다. 당장은 아니더라도 훗날 하늘이 그 대가를 치르게 할 것이라는 생각이 그 속에 깔려 있다. 이런 생각이 있기에 지구의 인류는 도덕적으로 착하다고 여겨지는 선행을 하고 악행을 저지르지 않으려고 했다.

빚으로 이루어진 사회
· ·

지구인과 더불어 우리가 사는 세상은 이처럼 부채 시스템에 따라서 굴러간다. 부채 시스템은 소소한 개인의 삶에서뿐만 아니라 사회와 국가라는 거대한 공동체 곳곳에서 '보이지 않는 손'처럼 작용하며 사람들의 삶을 유지해 준다.

실제로 세계의 큰 도시에 있는 광장에 가 보면 역사적으로 훌륭한 업적을 남긴 사람의 동상이 세워져 있는 것을 보게 된다. 예를 들면 서울의 광화문에는 세종대왕과 이순신의 동상이 있다. 동상은 부채 시스템을 보여 주는 사례이다.

한글이라는 엄청난 선물을 안겨 준 세종대왕에게 진 빚을 잊지 않기 위해 후손들은 서울의 중심지에 그의 동상을 세운 것이며, 이순신 또한 임진왜란이라는 초유의 국가 붕괴의 위험 속에서 국가와 사회를 구해 낸 공적이 있고 그것은 달리 말하면 한반도에서 사는 한국인에게 빚이 된다.

이렇게 인류가 세운 수많은 기념물은 그 빚을 잊지 않기 위한 구조물이다. 가장 흔하게 볼 수 있는 것이 교회나 절과 같은 종교 시설이다. 종교는 신에 의해 인류가 창조되고 세상에 태어날 수 있었으며, 그리고 그 가르침에 따라 인류가 동물과 달리 훌륭한 문명을 건설할 수 있었으므로 엄청난 빚(종교에서는 은총 또는 은혜라고 부른다)을 지고 있다고 믿는다.

특히 그리스도교에서 아담과 이브의 타락으로 생겨난 원죄는 달리 말하면 빚이다. 목숨을 바쳐 '사랑'이라는 힘으로 원죄를 탕감하고 구원하려고 했던 것이 예수이다. 그래서 그를 기리기 위해 정기적으로 모여서 찬양을 하고 예배를 드린다. 한

성 베드로 대성당 가톨릭교회의 수장인 교황이 통치하는 바티칸 시국에 자리한 대성당이다. 성당을 짓고 예배하는 행위는 사랑과 구원이라는 빚을 지고 있음을 표현하는 것이다.

국인들이 설과 추석에 부모나 조상을 찾아 인사를 하거나 제사를 지내는 것 또한 자신을 이 땅에 태어나게 한 이들에게 진 부채를 표현하는 것으로, 위의 종교적 이유와 다르지 않다.

이렇게 넓은 눈으로 세상을 보면 우리는 누군가로부터 도움을 받고 고마움을 느끼는 인간적인 빚을 지고 있고 그것들이 거미줄처럼 촘촘하게 연결되어 있다는 것을 알게 된다. 불을 끄는 소방관이 없다면, 농사를 짓는 농부가 없다면, 버스나 기차를 운전하는 운전기사나 기관사가 없다면, 각자 자신의 일을 하는 이 많은 사람들이 없다면 우리는 삶을 유지할 수 없다. 우리 역시 알게 모르게 다른 사람들에게 도움을 주며 빚을 지게 만들고 있다. 우리는 서로에게 매일 빚을 지고 사는 것이다.

그 빚은 상업적 빚이 아니기에 돈으로 갚는 것이 아니다. 우리 또한 스스로 잘할 수 있는 것, 많이 가지고 있는 것을 통해서 빚을 갚는 것이다. 또 마음이 담긴 인사를 하고 따뜻한 말을 건네고 사랑하는 마음을 나누며 서로에게 갚는 것이다.

가치 있게 투자하라

이렇게 보면 빚은 인류에게 산소와 같은 존재처럼 보인다. 그것이 없으면 살 수가 없다는 점에서 그렇다. 또 평소에는 관심을 두지 않다가 문제가 생겼을 때에야 비로소 관심을 갖는다는 점에서도 그렇다.

사회를 위협하는 일들이 일어나지 않아서 평화롭다면 굳이 빚에 대해 고민할 필요도 없고 생각할 필요도 없다. 오히려 빚을 기억하고 기록하는 것을 싫어한다.

어느 인류학자의 보고서에 이런 이야기가 나온다.

이누이트(에스키모) 사람 둘이 낚시를 하러 갔다. 한 사람은 물고기를 많이 잡았는데 다른 사람은 하나도 잡지 못했다. 집으로 돌아갈 때 물고기를 많이 잡은 사람이 빈손으로 돌아가는 사람에게 물고기의 반을 건넸다. 그러자 빈손이었던 사람이 물고기를 나눠 줘서 감사하다고 말했다. 그러자 물고기를 나눠 준 사람이 화를 냈다고 한다.

왜 그랬을까?

"오늘은 내가 운이 좋아서 물고기를 많이 잡을 수 있었다. 그러나 내일은 어떻게 될지 모른다. 그런데 만약 내일 내가 물고기를 한 마리도 잡지 못하고 네가 많이 잡으면 너도 나에게 물고기를 나눠 줄 것 아니냐? 그것은 당연한 일이니 감사하다는 말을 할 필요가 없다."

그러니까 상업적 빚처럼 통장이나 서류에 빚을 기록하지 말라는 것이다. 서로에게 빚을 지고 서로 돕고 사는 것이 당연하다는 생각이다. 만약 이렇게만 살 수 있다면 세상에 다툼과 갈등, 전쟁 따위는 일어나지 않을 것이다.

하지만 이렇게 아름다운 사회는 거의 존재하지 않는다. 오히려 세상은 상업적인 빚으로 인한 다툼과 갈등, 전쟁 등이 늘 있었고 앞으로도 그럴 것이다(이에 대해서는 다섯 번째 계명을 참고하라).

그래서 어떤 때는 우리(위원회)가 지구를 잘못 선택한 것인지도 모른다고 생각하기도 했다. 지구가 전쟁과 갈등이 계속되는 전쟁터와 같다고 생각한 적도 있었다. 그러나 부채 시스템을 통해 지구인의 속마음을 알게 되면서 지구인들이 부르짖어 온 믿음과 평등, 사랑 등과 같은 선한 가치가 헛된 구호가 아님을 깨달았다. 그리고 우리가 지구에 오기를 잘했다는 생각도 들었다.

오늘날 지구는 투자 열풍에 휩싸여 있다. 집에 투자하고 금이나 주식과 같은 금융 상품에 투자하고 있다. 투자하는 것은 좋지만 빚을 내면서까지 투자하는 지구인들도 많다. 그것은 투자가 아니라 투기라고 부른다.

16세기 프랑스의 풍자 작가 라블레(1494~1553)는 빚을 지려면 아주 많이 지라고 말했다. 빚이 많으면 돈을 빌려준 사람이 채무자가 제대로 갚을 수 있도록 도와줄 것이라는 이유 때문이다. 돈을 빌린 사람이 건강한지 살피고 일이 없으면 일자리도 주선해 주어 갚을 돈을 벌 수 있도록 해 줄 것이라는 뜻이다. 물론 풍자적으로 말한 것이다.

오늘날 지구에서는 돈이 없으면 많은 빚을 질 수가 없다. 돈이 없는 사람에게 돈을 빌려주지 않기 때문이다. 그런데 정작 돈이 없는 사람에게는 돈을 빌려주지 않고 돈이 있는 사람에게 돈을 빌려주는 것은 좀 이상하다. 그래서인지 지구인들은 돈이 없으면 없는 대로 힘들고 돈이 있으면 빚 때문에 힘들게 살고 있다. 우리로서는 이해하기 힘든 일이다.

이 때문에 우리 위원회는 아름다운 고리의 이주민들이 빚에 허덕이거나 상업적인 투자를 하기보다는 인간적인 것에 투자할 것을 권유한다.

주변 사람들에게 인간적인 빚을 많이 지기 바란다.

그를 통해 풍요롭고 따뜻한 관계를 맺기 바란다.

"가치 있게 투자하라."

4

원하는 것이 있으면 먼저 주어라

교환, 재분배

문화와 교환

우리가 정한 네 번째 계명은 교환에 관한 것이다. 교환은 무엇인가를 주고받는 것을 가리킨다. 교환은 부채와 함께 지구의 경제생활을 떠받치는 두 개의 기둥이다.

교환에서 가장 중요한 것은, 당연한 말이지만, 서로 잘 주고받는 것이다. 사람은 홀로 살 수 없다. 그렇기에 늘 누군가와 무엇을 교환해야 한다. 교환이 잘 이루어지면 세상은 평화롭고 아름다워진다.

그러나 세상에는 주기보다는 받고 싶어 하고, 심지어 주지 않으면서 빼앗으려고만 하는 사람들이 있다. 이런 지나친 욕심, 즉 탐욕이 교환 체계를 혼란스럽게 만든다. 게다가 사회 제도나 법이 이들의 탐욕을 보장해 주는 경우까지 생겨나고 있다.

지구의 인류는 평화로운 교환을 방해하는 사람들의 탐욕을 어떻게 억제할 것인지에 대해 오랫동안 고민해 왔다. 흔히 문화라고 불리는 것은 이 탐욕의 억제를 위해 태어났다. 야만과 문명을 가르는 척도는 바로 이 문화의 성격이다. 야만적인 사회일수록 사회 전체가 아니라 권력을 가진 개인이나 소수의 욕심과 욕망에 좌우되는 경우가 많다. 그 욕망이 지나쳐 탐욕이 되면 그 사회는 붕괴하게 마련이다.

그래서 문화는 일방적인 것을 좋아하지 않는다. 함께 하는 것을 좋아한다. 아무리 좋은 것이라고 해도 일방적으로 결정하고 강요하는 것은 문화적이지 않고 합리적이지 않다. 오늘날 남자 중심의 가부장제나 유럽, 미국을 중심으로 여기는 서양 중심주의를 비롯한 자민족 중심주의 등이 비판을 받는 것도 이런 이유 때문이다.

교환은 말 그대로 주고받는다는 뜻이다. 주고받는 것은 재물이나 돈과 같은 물질일 수도 있고 말이나 사랑과 같은 것일 수도 있다. 또 이성적인 것도 있고 감성적인 것도 있다. 인류는 집단을 이루고 살기 시작하면서 늘 타자와 무엇인가를 주고받으면서 사회를 형성했고 그것을 토대로 생존해 왔다. 인류의 교환 체계를 보고 있으면 복잡하고 정교하면서도 아름답기까지 하다.

교환에서 가장 중요한 법칙은 "원하는 것이 있으면 먼저 주어라."이다.

선물을 받고 답례해야 하는 이유

교환에는 크게 세 종류가 있다. 첫째가 호혜성이라고 불리는 선물 교환이고 둘째가 재분배, 셋째가 시장 교환이다.

선물 교환에서의 '선물'은 말 그대로 밸런타인데이와 같은 기념일에 초콜릿을 주거나 누군가의 생일에 축하의 표시를 하는 그 선물을 생각하면 된다.

재분배는 어떤 권위와 권력을 가진 사람이나 조직이 물자를 거두어 다시 나누어 주는 것을 말한다. 예를 들어 국가가 소득별로 세금을 걷어서 사람들을 위한 도로를 건설하거나 생활이 어려운 사람에게 경제적인 지원을 해 주는 것을 생각하면 이해하기 쉽다.

시장 교환 또한 말 그대로 시장에서 돈을 매개로 물건을 사고파는 것을 일컫는다. 물론 여기서 시장이란 전통 시장을 말하는 게 아니라 돈과 물건이 오가는 것 자체를 가리킨다.

사람들 사이에서 일어나는 교환은 위의 세 가지 내에서 이루어진다. 오늘날에도 여전히 세 가지 교환이 함께 이루어지고 있지만 현대 자본주의 사회에서 가장 우세한 교환은 시장 교환이다. 시장 교환은 돈과 물건을 맞바꾸는 것이다. 다시 말해 돈을 내고 물건을 사는 것이 시장 교환이다.

오늘날의 시장 교환을 잘 이해하기 위해서라도 선물 교환과 재분배에 대해 알아 둘 필요가 있다. 그것은 지구의 경제생활에서 꼭 필요한 부분이기 때문이다.

먼저 선물 교환부터 살펴보자. 선물에 대해 깊이 연구한 사람은 경제인류학의 아버지로 불리는 마르셀 모스(1872~1950)라는 인류학자였다. 모스는 이런 의문을 가졌다.

"왜 사람들은 선물을 받으면 답례를 해야 한다고 느끼는가?"

이 문제를 풀기 위해 모스는 선물이 무엇이고 선물과 상품의 차이가 무엇인지, 그리고 선물을 주고받는 과정에서 어떤 일이 일어나는지에 대해 관찰하고 조사했다. 그 결과물이 『증여론』(The Gift)이라는 책이다.

먼저 선물이 무엇인지부터 생각해 보자. 아마도 선물을 싫어하는 사람은 거의 없을 것이다. 선물은 받는 것도 좋지만 받을 상대가 기뻐하는 모습을 상상하며 주는 것 자체로도 좋다. 이렇게 주고받기 때문에 선물 교환이라고 부른다. 그렇다면 선물은 기분 좋기 위해서 주고받는 것일까? 물론 선물을 받으면 기분이 좋지만, 그 때문에 주고받는 것은 아니다.

선물을 받으면 왜 답례를 해야 한다고 느끼는지에 대한 모스의 의문에 선물이 지닌 본질적인 의미가 숨어 있다. 답례를 하는 이유는 선물이 빚이라고 생각하기 때문이다.

물론 여기서 말하는 빚은 상업적인 부채가 아닌 인간적인 빚을 가리킨다. 그러니까 선물을 받고 마음에 깃든 빚을 갚기 위해 답례를 하는 것이다. 선물을 하고 그 선물에 대한 답례로 또 선물을 하는 식으로 이어지는 과정을 생각해 보면 저절로 선물과 상품의 차이를 알 수 있다.

그런데 만약 A가 B에게 만 원 상당의 선물을 주었을 때 그 자리에서 B가 현금 만 원을 A에게 주면 그것은 선물 교환이 아닌 시장 교환이 된다. 선물을 준 사람이 보기에 그냥 물건을 판 꼴이 되기 때문이다. 이런 것은 마트나 백화점에서 하는 거래이다.

또 A가 B에게 만 원짜리 초콜릿을 선물로 주었는데 B 또한 A에게 똑같은 브랜드의 만 원짜리 초콜릿을 선물하면 만 원짜리 초콜릿은 선물에 대한 답례가 아니라 역시 시장 교환의 영역에 속한 거래가 되고 만다. 그것은 더치페이처럼 서로에게 빚진 것이 없어지는 상태가 되기 때문이다.

더치페이는 낯선 사람과 하는 것이다. 누군가에게 밥을 사 주었는데 얼마 후 같은 곳에 가서 똑같은 음식을 사 주면 기분이 어떻겠는가? 사람들이 자기가 선물로 준 것과 같은 것을 답례로 받으면 기분이 나빠지는 것도 이와 마찬가지다. 그것은 선물한 것에 대한 답례가 아니기 때문이다.

그러니까 만 원짜리 초콜릿을 받고 만 원을 주거나 같은 브랜드의 만 원짜리 초콜릿을 주는 것은 상대가 준 선물을 상품으로 오해한 것이다. 상대가 자신의 마음을 몰라주고 오해했으니 기분이 좋을 리 없다.

선물은 마음이 담긴 상품

선물에는 그것을 준 사람의 마음이 담겨 있다. 즉, '선물=상품+마음'이라는 공식이 성립된다. 결혼반지는 금에 결혼의 기억이 더해진 물건이다. 그런데 그 선물에 대해 상품만 돌려주면 선물에 담은 마음만큼 손해를 본 것이 되어 억울한 마음이 든다. 또 A가 B에게 선물을 주었는데 가격표가 붙은 채로 주는 것도 선물과 상품을 오해한 것이다. 그래서 선물을 할 때는 가격표를 떼고 포장을 해서 준다.

선물은 상품이 아니기 때문이다. 선물은 인간관계를 위한 마음의 표시이며 상대에게 빚을 안겨서 그 빚을 갚게 만드는 인간적 빚에서 비롯된 것이다. 인간적 빚은 사람들 사이를 더욱 친밀하게 만든다.

그리고 선물을 받았으면 그 자리에서 바로 답례를 하지 않는다. 일정한 시간이 지난 뒤에(너무 늦어져도 안 된다) 받은 선물에 대해 답례를 해야 한다. 여기서 '일정한 시간'이 선물 교환의 중요한 요소이다.

그 일정한 시간 동안 선물을 준 상대에게, 즉 빚을 진 상대에게 무엇을 답례로 할 것인지를 생각하면서 상대가 무엇을 좋아하는지, 어떤 것을 주면 기뻐할지 생각하게 되는데 그 시간과 생각이 믿음이 깃든 인간관계를 형성시키는 바탕이 되기 때문이다.

오늘날은 답례를 하는 것이 관습적이지만 고대 사회에서 답례는 반드시 해야 하는 의무였다. 이 의무를 지키지 않으면 명예를 잃은 사람으로 취급받거나 심지어 전쟁이 일어나는 계기가 되기도 했다.

또 누군가 주면 반드시 받아야 하는 의무가 있는 지역도 있었다. 동남아시아의 보르네오섬에서는 밥을 먹고 있을 때 누군가 지나가면 반드시 그 사람을 식탁에 초대해야 하고, 또한 초대 받은 사람은 방금 식사를 마친 뒤라도 그 자리에 참석해야 할 의무가 있었다.

겉으로 보기에는 이상한 관습처럼 보이지만 여기에는 깊은 선물의 의미가 포함되어 있다. 만약 누군가 먹을 것이 없어서 굶어야 한다면 그 사람은 집을 나서서 식사하고 있는 사람을 찾아내기만 하면 밥을 먹을 수가 있다. 따라서 이 사회에서는 다이어트처럼 고의적인 경우를 빼고 밥을 굶을 일은 없다. 매우 지혜로운 시스템이 아닐 수 없다.

선물과 물건의 차이

앞에서 보았듯이 선물을 주고받는 것은 물건만 오가는 것이 아니라 사람의 인격이나 마음이 오가는 것이다. 물건을 통해 마음을 주고받는다는 말이다. 따라서 선물에서 물건은 목적이 아니라 수단이다.

청혼하기 위해 금으로 된 반지를 주는 것은 잘 변하지 않는 성질을 갖고 있는 금처럼 마음이 변하지 말자는 의미에서 주는 것이지, 금이라는 상품을 주는 것이 아니다. 훗날 급히 돈이 필요해서 금반지를 판매할 수도 있지만, 이때는 선물이 아니라 상품이 된다. 금의 무게를 달아서 그만큼 돈으로 돌려받는다. 그것은 금반지에서 결혼이 빠지고 금이라는 물건만 남기 때문이다.

오늘날 선물과 관련된 오해는 선물을 물건, 즉 상품과 같은 것으로 생각할 때 발생한다. 선물을 상품으로 이해하고 받아들이게 되면 인간보다 물건이 더 중요한 것처럼 보이고 느껴지게 된다.

우리는 지구인들이 때때로 선물에 담긴 의미나 마음보다는 그 물건이 지닌 값어치, 즉 얼마짜리인가에 더 집중하고 비싼 물건일수록 좋은 선물이라고 생각하는 것을 보고 마음이 편하지 않았다. 이런 혼란 속에서 생기는 가장 끔찍한 비극은 인간을 물건이나 상품처럼 취급하는 것이다.

예를 들면 누군가 좋아서 만나고 관계를 맺는 것이 아니라 알아 두면 나중에 쓸모가 있다고 생각하는 '인맥 쌓기'와 같이 사람 사이의 관계에서 가성비를 따지는 현상도 사람을 물건처럼 취급하는 것이다. 오늘날 가격에 비해 성능이 좋은 물건이나 효율성이 뛰어난 물건을 찾는 것처럼 사람을 대할 때도 그런 경향을 보인다.

그뿐만 아니라 노동자를 쉽게 갈아 끼울 수 있는 부품이나 쓰다 버리는 소모품처럼 취급하는 일도 자주 일어난다. 이런 현상은 사람을 물건이나 상품처럼 여기기 때문에 발생한다.

지구인들은 이런 일에 분노하지만 한편으로 어쩔 수 없는 일로 받아들이는 듯하다. 그것은 사회의 변화에서 유래했다. 인구가 늘어나고 사회가 복잡해지면서 교환도 확대되었고, 과거에는 시간이 걸리는 선물 교환의 영역에 속해 있던 것이 차츰 간편한 시장 교환의 영역으로 옮겨 갔다.

이 과정에서 사고팔 수 있는 것이 늘어나기 시작했다. 과거라면 물과 산소는 당연히 주어진 것이었지만 오늘날에는 생수와 휴대용 산소 캔을 팔고 당연하다는 듯이 그것을 산다. 이렇듯 자연을 사고팔게 되었고 현재는 사람까지 사고팔고 있다. 대표적인 사례는 대리모이다. 대리모는 돈을 받고 아이를 대신 낳아주는 사람이다. 아기까지 사고팔게 된 것이다.

사람이 물건이 된 것은 인류 역사에서 오직 노예뿐이었다. 사람을 물건처럼 사고팔 수 있는 것은 그 사람이 다른 인간관

노예를 끌고 가는 아랍인 노예주들 오늘날의 탄자니아와 모잠비크 지역의 사람들을 노예로 부리는 모습이다. 거의 20세기에 이를 때까지도 아프리카 인구의 절반 가까이가 노예의 삶을 살았다.

계를 맺을 수 없고 주인과의 관계만 남은 노예가 되었을 때나 가능하다.

과거 인류를 불행으로 몰아넣었던 노예 제도는 지구상에서 거의 사라졌다. 그러나 한편으로 인간을 물건으로 바라보는 경향이 나타나고 있다는 것은 '보이지 않는' 또는 '제도화되지 않은' 노예가 나타날 가능성이 있음을 시사한다. 그러니까 노예로 불리거나 신분의 제약이 생기는 것은 아니지만 실제로는 노예처럼 살아가는 사람들이 생겨날 수 있다는 말이다. 생각만 해도 끔찍한 일이다.

사회는 늘 변화한다. 시장 교환의 확대는 생활을 편리하게 해 주어 삶의 질을 높여 주었다. 그러나 산이 높으면 골짜기가 깊은 것처럼 편리함 때문에 생긴 부작용도 심하다. 그렇다고 지구가 과거로 돌아가야 한다고 말하는 것이 아니다. 시장 교환의 편리함을 잘 활용해야겠지만 선물이 지닌 의미도 잊지 말고 활용할 필요가 있다.

선물은 물건만이 아니다. 돈을 주고 사는 상품도 아니다. 누군가에게 주는 선물과 돈을 주고 사는 상품은 이쪽에서 저쪽으로 움직인다는 점에서는 다르지 않다.

그러나 움직이는 방향은 정반대이다. A가 B에게 선물을 주면 물건은 A에게서 B로 이동하지만, B는 A에게 빚을 지고 그 빚을 갚기 위해 답례해야 하기에 방향은 B에게서 A로 향하게 된다는 말이다. 그리고 그 이동은 원처럼 순환되며 믿음과 사랑 같은 인류의 아름다운 미덕을 만들어 낸다.

선물과 답례 그리고 되갚기

선물을 주고 답례를 하는 구조에 또 하나가 추가되는 것은 새로운 선물인 되갚기이다. 선물에 대해 답례를 하고 그 답례에 대해 되갚기를 하면서 선물을 주고받는 둘 사이에는 끝없는 순환의 고리가 만들어진다. 즉, '선물-답례-되갚기'의 순환적 구조를 이루게 되는 것이다.

물물 교환, 시장 교환이 한 번으로 관계가 끝나는 교환이라면 선물과 답례, 되갚기는 지속성이 있는 교환이다. 이런 순환의 고리에서 사랑과 우정, 동료애 등이 생겨나고, 그 순환의 고리를 가진 사람들이 애인이나 부부, 친구, 동료, 선후배 등 새로운 관계로 엮어진다. 그리고 이들이 모여 공동체와 사회를 이룬다.

그것은 공동체나 지역 사회를 의미하는 영어인 'community'가 라틴어에서 유래한 'cum'(함께)과 'munitas'(선물)가 합쳐진 단어라는 사실에서도 알 수 있다. 그러니까 공동체는 서로 선물을 나누며 이루어진 모임 또는 관계를 의미한다. 우리가 알고 있는 모든 사회적 관계는 이 선물을 주고받는 순환 과정에서 생겨난다.

만약 선물과 답례, 되갚기로 이어지는 순환이 사라지면 사람들은 모두 낯설거나 경쟁해야 하는 상대가 된다. 토머스 홉스(1588~1679)의 유명한 말, 곧 '만인의 만인에 대한 투쟁' 상태가 된다. 선물 구조가 무너지면 사랑과 도움보다는 경쟁과 나툼이 지배하는 사회가 된다.

다시 말해 선물의 순환 고리가 무너지면 인간관계가 깊어지지 않는다. 홉스는 '사람은 사람에게 있어서 늑대이다(homo homni lupus).'라는 말도 했다. 선물의 순환 고리가 사라지면 우리는 늑대 무리 속에 남겨지게 된다.

오늘날 혼자 밥을 먹는 혼밥이 유행하고 더치페이를 공정하다고 여기는 것은, 시장 교환이 우세해지면서 선물과 답례 그리고 되갚기로 이어지는 사회를 지탱하는 중요한 시스템에 교란이 생겼다는 증표이다.

다르게 표현하면 인간관계가 약해졌다는 말이다. 겉으로는 물질적으로 윤택한 삶을 누리고 있는 듯이 보이지만, 행복을 위한 진정한 가치인 사랑과 우정 같은 사회적 가치는 빈곤해지고 있다. 숫자로 표현되는 공정함은 얻을 수 있지만, 숫자로 표현할 수 없는 사랑과 믿음, 우정 등의 인간적 정서가 약해지고 있다.

눈에 보이는 물질적인 공정함을 추구하면서 눈에 보이지 않는 불공정, 즉 불평등이나 혐오 등이 열대림처럼 사회를 덮기 시작했다. 물건에 담긴 마음이 사라지고 서로를 위하는 따뜻한 마음이 줄어들면서 외로움과 불안이 증가하고 있다. 이는 앞으로 우리를 포함한 지구 인류가 머리를 맞대고 깊이 고민해야 할 문제이다.

실제로 세계 경제를 움직이는 사람들이 모이는 다보스 포럼이나 로마 클럽을 비롯한 유엔 산하의 여러 단체가 이 문제를 해결하기 위해 고민하고 있다. 문제 해결을 위한 첫걸음은 고대부터 오랫동안 인류가 쌓아 올린 교환의 체계에서 찾아야 할 것이다.

교환의 핵심은 원하는 것을 먼저 주는 것이다. 성경에는 "무엇이든지 남에게 대접을 받고자 하는 대로 너희도 남을 대접하라. 이것이 율법이다."라는 말이 있다. 남태평양의 뉴질랜드섬에 사는 마오리족에게는 "마루(신)가 주는 만큼 마루는 받는다. 그러면 좋고도 좋다."는 말이 있다. 여기에서 보듯 인류는 예전부터 먼저 주어야 얻을 수 있다는 것을 알고 실천해왔다.

교환을 위한 선물은 반드시 물질일 필요가 없다. 따뜻한 말과 진심이 담긴 위로도 좋은 선물이다. 그리고 선물은 반드시 준 사람에게만 갚아야 하는 것도 아니다. 선배에게 받은 선물을 선배가 아닌 후배에게 갚아도 된다. 후배 또한 그의 후배에게 갚고 이 과정이 되풀이되면서 우리가 말하는 '전통'이라는 것이 생긴다.

또 부모에게 받은 선물을 부모에게 되갚기를 하면 효가 되고, 자식을 낳아 그 자식에게 답례하면 집안이나 가계가 만들어진다. 그렇게 가족이 형성되고 사회가 만들어진다.

아름다운 고리의 이주민들은 지구에서 새로운 집안의 조상이 될 것이다. 그를 위해 이 선물의 순환 구조를 잘 이해해야 한다.

아메리카 원주민들의 재분배, 포틀래치

앞에서 살펴본 것처럼 사회의 여러 인간관계는 선물이나 빚, 돈 등의 교환을 통해 형성된다. 선물 다음으로 살펴볼 교환은 재분배이다.

재분배는 개인보다는 사회적인 관계와 관련이 있다. 재분배는 말 그대로 '다시 나눈다'는 뜻이다. 한쪽으로 쏠려 있는 부나 소득, 지식 등을 일정 정도 부족한 쪽에 나눠 주는 것이다. 그러니까 많은 부나 소득을 가진 사람에게 세금을 걷어서 지식의 보고인 도서관이나 많은 사람이 이용하는 도로, 지하철과 같은 공공시설을 만들고 확충하는 데 쓰는 식이다. 이는 재분배의 대표적인 사례이다.

재분배는 한 사람 또는 일부가 큰 힘을 갖게 되는 것을 막아 주고 사회적 약자에게 기본적인 도움의 손길을 내민다는 점에서 앞으로 점점 중요성이 더해지는 교환이다. 오늘날 지구 경제의 가장 큰 문제로 손꼽히는 불평등을 해소하는 데 도움이 될 뿐만 아니라 늘어나는 빈곤 계층에 대한 복지와 밀접한 관련이 있기 때문이다. 또 이 과정에서 많은 기술과 일자리가 생겨날 수 있기에 미래 지구를 움직이는 경제 동력의 핵심 요소가 될 수 있다.

이런 이유로 재분배는 부의 재분배, 소득의 재분배뿐만 아니라 재능 기부와 같은 지식과 정보의 재분배 등 여러 측면에서 논의되고 있다.

지구의 인류가 행했던 재분배의 대표적인 사례는 포틀래치이다. 포틀래치는 원래 '소비한다'는 뜻으로, 과거 북아메리카에 사는 원주민들이 벌였던 연회를 가리킨다. 아이가 태어나거나 아이가 어른이 되는 성인식, 또는 사람이 죽었을 때 치르는 장례식, 신분이나 지위가 높아졌을 때 올리는 의례, 집을 새로 지었을 때 벌이는 기념식 등 축하를 하기 위해 갖가지 연회가 열린다.

연회 주최자는 엄청나게 많은 음식을 준비해서 연회를 베푼다. 그 목적은 연회에 참석한 사람들을 깜짝 놀라게 만들고 감탄하게 만드는 것이다. 또 참석자들에게 선물을 주는데, 그 역시 눈이 휘둥그레질 정도로 화려하고 비싼 물건들이다.

포틀래치는 많은 재물이 필요하기에 준비하는 데 오랜 시간이 걸린다. 포틀래치를 준비하는 주최자는 이웃이나 친척의 도움을 받아서 연회에 쓸 음식을 준비한다. 그리고 호랑이 모피 같은 값비싼 물건을 비롯해 생활에서 쉽게 구할 수 없는 물건들을 준비해서 연회에 참석한 사람의 지위와 신분에 따라 '선물'로 나누어 준다.

따라서 포틀래치는 가난한 사람이 열 수 없는 행사이다. 마을이나 공동체의 유력자가 여러 방법으로 재물을 모아서 포틀래치를 열고 그곳에 참석한 사람들에게 음식을 제공하고 필요한 물건을 선물로 나눠 준다는 점에서 재분배의 기능을 했다.

1856년 북아메리카의 포틀래치 미국의 포트 타운센드에서 체체모카 추장과 그의 아내가 포틀래치를 베푸는 모습이다. 제임스 G.스완의 그림.

그러니까 많이 가진 사람이 적게 가진 사람에게 나누어 주는 일이었다.

오늘날에는 부자가 재물을 축적하고 그것을 활용해 이자를 받고 빌려주어 계속 재물을 늘리는 것이 일반적이다. 그러나 아메리카 원주민의 유력자는 그렇게 재물을 쌓아 두지 않고 일정한 기간마다 그것을 마을이나 공동체 사람들에게 나눠 주었다. 심지어 여러 유력자가 서로 더 귀하고 비싼 물건을 선물하기 위해 경쟁하기도 했다.

과연 이들은 물건을 선물로 주고 무엇을 답례로 받으려고 했던 것일까? 그것은 위세, 즉 존경과 좋은 평판이었다. 이들은 보이는 물건을 주고, 보이지 않는 믿음이나 사랑을 토대로 한 존경을 받으려고 했다.

이런 일은 아메리카 대륙에서만 일어난 것이 아니다. 따지고 보면 오늘날에도 불우 이웃 돕기나 자선을 통해서 경제적으로는 손해를 보지만 주변 사람들의 존경과 명성을 얻는 경우가 자주 일어난다.

앞의 내용을 정리해 보면, 재물이나 부가 부족한 사람들은 포틀래치를 통해 필요한 물건을 얻고, 재물이나 부가 많은 사람은 연회를 열어 음식과 선물을 베풀고 그 대신에 명성과 존경을 얻는 것이다.

이것은 재물이 한 곳에 축적되지 않고 골고루 나눠진다는 점에서 현대의 복지와 관련이 있다. 지구의 인구가 중단 없이 계속 늘어나는 데 비해 지구의 자원은 한정되어 있다는 점에서 재분배는 앞으로 더욱 중요한 문제가 될 것이다. 또한 과거와 비교해 볼 때 오늘날에는 소득과 재산의 격차가 점점 심하게 벌어지고 그에 따른 불평등이 심각해지고 있기 때문이기도 하다.

우리는 지구가 아름다움을 계속 유지하기를 원한다. 불평등은 사람들을 괴롭히고 경쟁해서 싸우게 만들어 아름다운 지구를 해친다. 이렇게 사람들의 마음을 좀먹는 불평등이 줄어들기를 바란다.

원하는 것을 먼저 선물하라

∙∙

문화는 일방적인 것을 좋아하지 않는다고 말했다. 그것은 교환의 거부나 왜곡을 의미하기 때문이다. 정치적인 독재나 소통의 부재(불통), 강압과 강요, 폭력, 불평등 등 여러 사람이 함께 모여 사는 사회를 방해하는 다양한 요소가 이 일방성에서 생겨난다.

사회에서 자주 발견하는 혐오, 이를테면 남자 혐오나 여자 혐오, 외국인 혐오 등과 세대 갈등, 국가 분쟁은 교환보다 대립을 추구할 때 발생하는 것들이다. 그리고 이들은 좀벌레가 옷감을 쏠듯이 우리들의 삶을 야금야금 망가뜨린다.

교환의 거부는 사람들을 분리하고 서로를 미워하게 하고 싸우게 만들어 모두를 병들게 한다. 교환을 거부하거나 왜곡하는 이유 가운데 가장 큰 것은 이기적 탐욕이다. 주고받기, 즉 교환을 통해서 서로 나누기보다는 모든 것을 독점하려고 하는 욕망이 탐욕이다. 그래서 탐욕 또한 문화가 싫어하는 일방적인 것이다.

탐욕은 개인적인 것도 있고 사회적인 것도 있다. 특정한 개인과 특정한 집단의 욕심이 교환을 거부하거나 왜곡시키고,

그것이 갑질이나 폭력과 같은 일방적인 행위로 드러나 다른 사람들을 희생시키고 좌절하게 만든다.

이런 불행하고 비극적인 일이 일어나지 않게 하기 위해서는 선물 교환과 재분배가 활발해져야 한다. 앞에서 살펴본 것처럼 교환은 부채 시스템을 토대로 해서 사람들 사이에 믿음과 사랑의 씨앗을 뿌리고 열매를 맺게 해 주기 때문이다.

이런 점에서 우리가 지구인이 되기 위해 꼭 필요한 것이 선물이라고 생각한다. 지구인들과 선물을 주고받는 과정에서 진정한 지구인이 될 것이다.

위원회에서 선물과 재분배에 대한 여러 의견들이 나왔다. 생일을 맞이한 아이들에게 산타클로스처럼 선물을 주자는 아이디어도 나왔고 노숙자들을 위해 밥을 나누어 주자는 의견도 있었다. 심지어 빌딩에 올라가 돈을 뿌리자는 의견도 있었다. 또 물질적인 것도 중요하지만 마음의 안정도 중요하니 만나는 지구인에게 프리허그를 해 주자는 의견도 있었다.

그러나 그런 일회적인 것도 좋지만 지속적인 것이 더욱 필요하다. 주변에서 선물과 재분배를 하고 있는 지구인을 찾아서 그들을 돕는 것도 좋은 방법이다. 도움도 좋은 선물이다. 우리가 선물을 주면 지구인들도 답례를 할 것이다.

타자(지구인)로부터 물건이든 마음이든 무엇인가를 얻고 싶은가? 이때 가장 좋은 방법은 먼저 주는 것이다. 무엇이든 주면 받은 사람에게 빚이 생기고, 그것을 갚기 위해 그 사람은 당신에게 물건이나 마음을 건넬 것이다.

　지구에서 지구인들과 잘 어울려 살고 싶다면 먼저 주어야 한다는 것을 잊지 마라.

네 이웃의 재물을 탐내지 마라

탐욕의 경계, 이자

탐욕을 경계하라

우리가 '경제생활 십계명'의 다섯 번째로 제시하는 것은 '네 이웃의 재물을 탐내지 마라.'이다.

지구에서 살기 위해서는 돈이나 재물이 꼭 필요하다. 그것은 지구인뿐만 아니라 이제 지구인이 된 우리에게도 해당한다. 그러나 지구에 정착한 아름다운 고리의 이주민들이 삶의 수단인 돈이나 재물에 필요 이상으로 욕심을 내지 않았으면 좋겠다. 지구의 역사를 보면 탐욕이 사람을 망치기 때문이다 (그건 아름다운 고리의 역사도 다르지 않았다). 우리는 지구에 재

123

물이나 물건 이외에도 우리를 즐겁고 행복하게 해 줄 것들이 많다고 생각한다.

'네 이웃의 재물을 탐내지 마라.'는 말은 유대인의 신인 야훼가 모세에게 주었던 십계명 안에도 있던 내용이다. 이는 뒤집어 생각해 보면 그때에도 남의 재물을 탐하는 사람이 많았음을 의미한다. 당시에도 그런 일이 많았기에 신이 그러지 말라고 경고한 것이다. 있지도 않은 일을 하지 말라고 하지 않았을 테니까.

사실 인류의 경제생활에서 생긴 많은 문제는 바로 남의 재물, 남의 몫을 탐하는 것, 즉 탐욕에서 비롯되었다. 현대 경제학에서 가장 큰 문제로 지목하는 불평등의 문제부터 사람들 사이의 행복을 방해하고 그들을 고통과 절망 속으로 몰아넣은 것도 이 탐욕이었다. 그래서 유대교뿐만 아니라 지구의 문화를 지탱해 온 종교는 대부분 탐욕을 경계하라고 가르쳤다. 종교는 탐욕이 남을 해칠 뿐만 아니라 결국 자기의 삶도 망가뜨린다고 지적한다.

그렇다면 경제생활에서 탐욕은 어떻게 유래했고 어떤 결과를 낳는지를 살펴보자. 그를 통해 우리가 탐욕을 멀리해야 하는 이유를 알게 될 것이다.

두 얼굴을 가진 신, 야누스

⋯⋯⋯⋯⋯⋯⋯⋯⋯⋯⋯⋯⋯⋯⋯⋯⋯⋯⋯⋯⋯

우리는 앞에서 돈이 인류의 생활을 편리하게 만들기 위해 발명되었음을 알았다. 돈의 발명은 인류의 물질생활에 엄청나게 큰 영향을 미쳤다.

그런데 원래 가치를 정하기 위해 발명된 돈이 오늘날에는 완전히 다른 모습으로 바뀌었다. 물론 인류에게 편리함이라는 긍정적인 측면도 제공했지만, 불평등과 같은 부정적인 측면도 만들어 냈다.

게다가 돈은 신과 같은 존재가 되면서 지구의 인류가 그동안 누렸던 윤리와 교육, 직업, 놀이와 같은 삶의 원리에도 짙은 그림자를 드리웠다. 오늘날 많은 사람이 돈의 지배를 받으며 살고 있다고 해도 지나친 말이 아니다. 이렇게 돈이 신과 같은 존재가 되어 사람들의 마음을 휘두르게 된 큰 이유 가운데 하나는 '이자'이다.

인류가 만든 모든 물질은 시간이 지나면 낡거나 썩어서 사라지는 것이 정상이다. 인간의 몸도 다르지 않다. 신체도 물질로 이루어져 있어서 늙고 죽어서 사라진다. 또 아무리 튼튼하게 지은 건물도 시간이 지나면 낡아서 무너진다. 이렇게 물질은 시간의 흐름과 함께 낡고 사라진다.

과거 사회에서 돈의 역할을 했던 곡식은 창고에 쌓아 두면 썩기도 하고 쥐가 갉아 먹기도 해서 시간이 지나면 곡식의 가치가 줄어들었다. 그런데 오늘날의 돈은 그렇지 않다. 지폐나 동전은 만질 수도 있고 보이기도 하는 물질인데 오히려 시간이 지날수록 썩어서 사라지기는커녕 이자가 붙어서 더 커진다. 산 위에서 작은 눈덩이가 굴러떨어지면서 점점 덩치를 키우듯이 시간과 함께 커지고 무거워진다. 왜 이런 일이 생기게 되었을까?

그렇다. 세상에는 두 가지 돈이 존재한다. 하나는 창고에 쌓여 있는 곡식처럼 가치가 줄어드는 돈이고, 다른 하나는 쌓아두면 가치가 늘어나는 돈이다.

예를 들어 가을에 누군가에게 갓 추수한 신선한 10킬로그램의 곡식을 빌려주고 이듬해 가을에 갓 추수한 신선한 10킬로그램의 곡식으로 돌려받았다면, 이익일까 손해일까? 과거의 인류라면 이익이라고 생각할 것이고 오늘날의 인류라면 손해라고 생각할 것이다.

왜냐하면 과거의 인류는 10킬로그램의 곡식을 보관하는 번거로움도 없이, 그래서 썩거나 쥐가 갉아 먹지 않은 신선한 곡식으로 돌려받았으니 이익이라고 생각했을 것이다. 그러나 오늘날의 인류는 1년이라는 시간이 지났으니 그에 대한 대가로 이자를 요구할 것이다. 그래서 똑같은 무게의 쌀을 돌려받아도 손해라고 생각한다.

이런 생각의 차이는 돈을 생각하는 방식이 서로 다르기 때문이다. 서로 다를 뿐만 아니라 하나는 줄어들고 하나는 늘어나는 상반된 성격을 갖고 있다.

로마의 신인 '야누스'(Janus)는 두 개의 얼굴을 갖고 있다. 한 해를 시작하는 1월(January)의 어원이 된, 문을 지키는 신인 야누스는 지나가는 해와 다가오는 해를 모두 바라보기 위해 앞뒤로 하나씩 두 개의 얼굴을 가지고 있다. 돈은 여러모로 이런 야누스와 닮았다. 서로 바라보는 곳이 다른 두 얼굴을 갖고 있다는 점에서 그렇다.

풍요와 모험이라는 선한 얼굴

돈의 두 얼굴 가운데 하나는 풍요를 안겨 주고 모험을 하게 하는 선한 모습이다.

오늘날 지구의 인류를 지배하는 대표적인 생각 또는 삶의 방식은 자본주의이다. 자본주의라는 말은 자본을 중심에 두고 생각한다는 뜻이다. 민주주의가 시민을 주인으로 생각하는 이데올로기이고, 사회주의가 사회를 중심으로 세상을 살아 보자는 이데올로기인 것처럼 자본주의는 자본, 즉 돈을 중심으로 세상을 살겠다는 이데올로기 또는 삶의 방식이다.

자본은 한마디로 표현하기 힘든 말이다. 흔히 '재화와 용역의 생산에 사용되는 자산'이라는 말로 정의가 된다. 그리고 자본에서 가장 중요한 역할을 하는 것은 돈이다.

자본은 잘 활용되면 인류에게 풍요로움을 가져다줄 수 있다. 오늘날 지구의 인류가 누리고 있는, 냉장고나 휴대폰 같은 생활을 편리하게 만들어 주는 기계부터 자유로운 이동을 가능하게 한 철도나 비행기, 더 나아가 달이나 화성과 같은 우주로 보내는 우주선 등의 개발은 자본이 있었기에 가능한 일이었다.

인류는 예부터 멀리 떨어져 있는 사람과 이야기를 나눌 수 있기를 열망했다. 그래서 텔레파시라는 것을 상상해 냈다. 텔레파시는 직접 만나 말을 하지 않고도 생각을 전달하는 것이다. 그것을 실제로 이룬 것이 전화이다. 전화도 진화를 거듭해서 이제는 컴퓨터에 가까운 스마트폰까지 왔다. 전화는 한 개인의 힘으로 만들어 낸 것이 아니라 인류의 아이디어를 실현할 수 있는 자본이 있었기에 가능한 일이었다.

여전히 지구 한 편에는 굶주리는 사람들이 많이 있지만, 전체적으로 물질적인 풍요를 누리게 된 데는 자본의 역할이 컸다. 자본주의가 사람들 사이에 깊이 뿌리를 내린 것도 이 때문이다.

이런 풍요의 시초에는 모험 정신이 있었다. 자본주의 초기에 자본의 축적에 가장 큰 역할을 한 것은 원거리 무역이었다. 지금처럼 교통과 통신이 발달하지 않았던 시절에 큰돈을 버는 방법은 먼 지역으로 가서 사람들이 좋아할 만한 진귀한 물건을 가져와 파는 것이었다.

네덜란드 동인도 회사의 배 남아프리카 케이프 식민지의 테이블만에 정박하려는 네덜란드 배의 모습이다. 네덜란드를 비롯한 유럽 강국들은 향신료 무역을 지배하기 위해 치열하게 경쟁했다.

　예를 들면 중국의 비단이나 동남아시아 지역의 말라카(플라카의 옛 이름) 해협에서 생산되던 후추는 서양 사람들에게 큰 인기가 있었다. 비단은 아름다운 옷이 되었고, 후추는 육식을 많이 하는 서양인에게 고기 특유의 냄새를 없애 주는 마법과도 같은 향료였다. 그래서 한때 후추는 금과 같은 무게로 팔렸다. 말하자면 후추 10그램을 사기 위해 금 10그램을 주어야 했다. 그러다 보니 후추를 차지하려고 영국과 네덜란드가 전쟁을 벌이기도 했다.

당시 네덜란드와 이탈리아 등 서양의 상인들은 위험한 뱃길을 따라 비단과 후추를 비롯한 여러 물품을 수입해서 많은 돈을 벌었다. 물론 배를 띄우는 것은 위험하고 사람도 고용해야 했기에 돈이 많이 필요했다. 즉, 자본이 있어야 가능한 일이었다.

이렇게 위험을 감수한 원거리 무역을 통해 자본이 축적되기 시작했고 오늘날과 같은 자본주의가 꽃을 피우게 되었다. 지금까지도 이 방법은 유효하다. 다른 지역에서 생산되는 물건을 수입해서 돈을 버는 사람들이 여전히 많다.

이런 점에서 자본 또는 돈은 인류를 풍요롭게 만들어 주고 모험을 가능하게 하는 선한 얼굴을 갖고 있다. 이에 더해서 자본 또는 돈은 자연을 닮았다고 할 수 있는데, 우리가 살아가는 데 필요한 물과 산소, 빛과 열 등을 자연이 제공해 준다는 점에서 그렇다.

한편 자연은 인류에게 풍요를 선물해 주기도 하지만, 태풍이나 지진처럼 냉혹하거나 악마적인 얼굴을 보여 주기도 한다. 우리가 관심을 가지고 다루는 돈 또한 마찬가지다.

무서운 괴물, 이자

돈이 악마적인 한쪽 얼굴을 갖게 된 것은 이자 때문이다. 그리고 그 얼굴은 이자가 늘어나듯 점점 커지고 흉악해졌다. 이자는 다른 말로 금리라는 이름도 갖고 있다.

이자는 원래 가축의 새끼에서 유래했다. 어미가 다 자라면 새끼를 낳듯이, 시간이 지나 원금이 새끼를 낳는 것이 이자다. 그래서 '이자'(利子)라는 말에는 자식을 뜻하는 '子'가 들어가 있다. 그러나 귀여운 동물의 새끼와 달리 이자는 무섭다.

한편으로 이자는 인간관계에서 출현했다. 서로 잘 알고 믿는 관계라면 이자 없이 서로 물건을 빌려 쓰거나 돈을 빌려 쓴다. 오늘날에도 가족이나 친구처럼 친한 사이에 이자를 받지 않고 돈을 빌려주는 것은 이 때문이다. 친한 사이에는 이자를 주면 오히려 화를 내기도 한다.

그렇게 할 수 있는 것은 인간관계가 지닌 믿음 때문이다. 가족, 친구 같은 가까운 사람들 사이에서는 이자 대신에 믿음과 그 믿음을 토대로 한 사랑과 정을 나눈다. 다시 말해 이자를 받지 않고 돈을 빌려주는 것은 손해가 아니다. 사랑과 믿음이라는, 이자보다 더 훌륭한 것을 얻을 수 있기 때문이다.

그러나 인구가 늘어나고 사회가 복잡해지면서 거래와 교환이 꾸준하게 증가했다. 그에 따라 거래나 교환의 편리성을 위해 돈이 발명된 것처럼 거래나 교환의 위험에 대한 보상으로 이자가 등장했다.

믿지 못하는 사람에게 돈을 빌려주었다가 돈을 떼일 수도 있다. 그 위험을 보상하기 위해서 이자가 필요했다. 또 누군가에게 돈을 빌려주고 그동안 돈을 활용하지 못한 것에 대한 대가로 이자를 받아야 한다는 생각도 생겨났다. 실제로 돈을 떼어먹고 도망치는 사람들도 많았다. 그래서 빌려준 돈을 받기 위해 폭력을 행사하기도 했다. 오늘날에도 돈을 갚지 않는 빚쟁이에게 여전히 폭력을 휘두르는 일이 있다.

중세까지 돈을 빌려준 채권자들이 사용한 방법은 폭력에 더해 빚을 제3자에게 떠넘기는 것이었다. 가족이나 친척 또는 마을 사람들에게 빚을 전가하는 경우도 있었다.

근대에 들어서 돈을 받아 내는 방법으로 많이 사용한 것이 도덕이다. 돈을 빌리고 갚지 않는 사람은 게으르고 사악한 사람이라는 딱지를 붙여서 돈을 갚게 만들었다. 돈을 빌려준 채권자는 도덕적인 권위를 가진 사람으로 변신했다. 돈이 많은 사람은 선하고 돈이 없고 빚을 갚지 않는 사람은 악하다는 등식까지 만들어졌다.

이렇게 돈을 갚지 않는 것은 사람을 해치거나 도둑질을 하는 것처럼 비도덕적이고 나쁜 일이 되었다. 대부분의 사람은 돈이 없어서 빚을 갚지 못하는 것인데도, 양심이 없는 비도덕적인 사람으로 비난을 받는다. 빌려준 돈을 받기 위해 채권자들이 사용한 방법은 폭력과 도덕이었고, 법 체계가 확립됨에 따라 법을 통한 강제가 추가되었다.

핵심은 이자다. 원래 빌린 돈에 시간이 지나면서 이자가 붙고 원금에 이자가 더해지면서 금액이 늘어난다. 이자 때문에 빚이 증가하게 되면 많은 문제가 발생한다. 돈을 빌린 사람은 점점 갚기가 힘들어지고 돈을 빌려준 사람은 돈을 받기가 힘들어진다.

이때 앞에서 말한 대로 폭력이 동원되고 도덕성이 꼬투리 잡혀, 돈을 빌린 사람은 돈 대신에 신체로 갚아야 하는 상황에 놓이게 된다. 불법이긴 하지만 오늘날에도 돈을 빌릴 때 제때에 갚지 못하면 신체를 포기하겠다는 각서를 쓰기도 한다. 옛날에도 돈을 갚지 못하면 유일한 재산인 신체로 갚아야 했는데, 역사에서 이들을 '노예'라고 부른다. 자유롭게 살았던 사람들이 자유롭지 못한 노예가 되는 것은 주로 빚 때문이었다.

이자가 가축의 새끼에서 유래했다는 것은 앞에서 언급했다. 그러나 이 둘은 큰 차이점을 갖고 있다. 가축이 새끼를 낳게 하려면 고되고 어려운 과정을 거쳐야 한다. 그냥 가만히 둔다고 저절로 새끼가 생기는 것이 아니다. 어미를 잘 보살피고 먹이를 주어야 할 뿐만 아니라 짝을 지어 주어야 새끼가 태어난다. 그에 비해 원금에 붙는 이자는 별다른 수고를 하지 않아도 저절로 생겨난다.

앞에서 살펴본 대로 자본 또는 돈의 선한 얼굴이 커진다면 오늘날 자본을 가진 사람이 훨씬 많아지고, 이자로 인한 고통에 신음하는 사람들이 훨씬 줄어들 것이다. 그러나 돈의 악마적인 얼굴이 커지게 되면 비극과 불행이 닥치는데, 그것을 상징하는 것이 노예였다.

돈과 노예 제도

인류의 역사에서 가장 비극적인 제도를 꼽으라면 단연 노예제도를 들 수 있다. 사람이 다른 사람을 기계나 물건처럼 사고팔고, 말 그대로 인간이 아닌 가축처럼 취급했던 제도이기 때문이다.

노예를 한마디로 표현하면 '자유롭지 못한 존재'이다. 즉, 자유로운 인간관계를 맺을 수 없는 사람들이었다. 자유롭다는 것을 의미하는 영어의 'free'는 친구를 뜻하는 'friend'에서 유래했다.

그러니까 자유롭지 못한 사람은 친구를 사귈 수 없는 사람임을 의미했다. 노예는 친구가 없이 주인과의 관계만 남은 사람을 가리킨다. 인간의 행복에 필수적인 인간관계가 배제된 사람들이 노예였던 것이다.

과거에 인간을 노예로 만드는 대표적인 방법은 돈과 전쟁이었다. 전쟁에서 포로가 되면 노예로 전락했다. 가장 심각한 것은 돈과 전쟁이 결합된 것이었다. 물론 지구에서 이런 일이 늘 일어난 것은 아니었다. 만약 그랬다면 지구는 사람들이 살기에 매우 힘든 땅이 되었을 것이고 우리 아름다운 고리의 주민들이 지구로 이주할 생각을 하지도 않았을 것이다.

돈으로 노예를 만드는 방법은 이러하다. 사람이 여러 이유로 돈을 빌렸다가 이자가 불어나면서 갚을 수가 없게 되면 일정한 기간 동안 자기가 가진 재산 중 하나인 신체를 팔아야 했다. 다른 말로 하면 신체의 자유가 억압을 당하는 일이다.

먼 옛날에는 일정한 시간을 노예로 일해 돈을 갚으면 노예에서 풀려나기도 했다. 한편 나라에서 정기적으로 사람들의 부채를 탕감해 주기도 했다. 즉, 빚 때문에 노예가 된 사람들을 해방시켜 준 것이다. 이와 관련하여 가장 오래된 기록으로 기원전 2400년경 메소포타미아 지역에서 이자를 탕감해 주었다는 기록이 남아 있다.

한편 빚을 지고 노예가 되었다가 부채 탕감을 받아 자유인이 된 사람들은 그것을 '어머니에게 돌아가는 일'이라고 표현했다. 어머니가 해 주는 집밥을 먹고 어머니를 중심으로 한 인간관계를 회복하는 일이었기 때문이다.

이렇듯 국가가 앞장서서 빚을 없앤 것은 사람들이 살다 보면 빚을 지게 되고, 그 빚으로 인해 많은 사람이 노예나 그와 유사한 상태가 되면 결국은 나라 자체가 흔들릴 수 있기 때문이었다. 고대 사회에서 노예들은 세금을 내지 않고 국방의 의

무도 하지 않았기 때문에 노예가 늘어나면 그만큼 국가의 세금이 줄어들고 나라를 지키는 힘이 약해질 수밖에 없었다. 그래서 빚을 모두 없애지는 못하더라도 빚을 진 사람들의 이자를 탕감해 주거나 줄여 주는 일은 자주 있었다.

실제로 고대 사회에서는 누구나 노예가 될 가능성이 있었다. 지구인들에게 『이솝 우화』로 유명한 이솝(아이소포스)도 전쟁 때 포로로 잡혀 노예가 된 사람이었다. 서양 철학에서 중요한 위치를 차지하는 플라톤(기원전 427~기원전 347)도 한때 노예가 된 적이 있었는데 친구들이 몸값을 내주어 자유의 몸으로 풀려났다. 그러니까 재수가 없어 노예가 될 수도 있지만, 노예 상태에서 풀려날 가능성도 늘 열려 있었다.

그러나 시간이 지나면서 신분이 고정되는 신분제 사회로 바뀌고, 특히 근대에 들어 절대적인 사유 재산을 사회에서 인정하게 되면서 한번 노예가 되면 후손도 노예가 되는 악질적인 노예 제도가 등장하게 된다.

군대와 주화 그리고 노예

돈과 인류가 얽혀서 빚어낸 노예 제도는 군대가 개입하면 더욱 비극적인 일이 되고 만다. 군대를 만들어 유지하려면 병사들에게 돈을 주어야 한다. 병사들에게 돈을 주기 위해서는 주화가 필요하다. 금과 은으로 만든 주화를 제조하기 위해서는 광산에서 금과 은을 채굴해야 한다. 금과 은을 채굴하기 위해서는 광산에서 일할 노예가 필요하다. 노예를 부리기 위해서는 전쟁을 해서 포로를 잡아야 한다. 전쟁을 하려면 군대가 있어야 한다. 병사를 고용하고 군대를 유지하기 위해서는 주화가 필요하다.

이런 식으로 과정이 반복된다. 이 과정에서 전쟁은 계속되고 광산 채굴을 위한 전쟁 포로가 계속 생겨난다. 사람들이 죽어 나가기도 한다. 무엇 때문에 힘없는 사람들이 죽고 노예가 되어야 하는 걸까?

그러나 한편으로 지구의 인류는 현명했다. 현명했기 때문에 오랜 세월 지구에 문명을 건설할 수 있었을 것이다. 이렇게 군대와 주화, 노예의 시스템이 세상을 휩쓸 때마다 인간 존재에 대한 위대한 탐구가 이루어졌다. 이런 탐구를 지구에서는 종교와 철학이라고 부른다.

특히 군대와 주화, 노예의 시스템이 절정에 이르렀던 기원전 6세기를 전후해서 중국과 인도, 지중해에 인류의 스승이라고 불리는 공자, 석가모니, 소크라테스 등이 한꺼번에 출현한 것도 이런 사회적인 배경 때문이다.

∙∙∙

오늘날 돈으로 사지 못할 것이 없다는 말이 나올 정도로 돈의 위력은 세상의 그 무엇보다 강력해졌다. 거기에 오랜 세월 동안 그 돈이 마음껏 힘을 발휘하지 못하게 막고 있던 종교와 철학이 현대에 와서 약해지자 돈은 폭주하는 기관차처럼 거칠게 달리기 시작했다.

그리스도교의 성경이나 불교의 경전 등에서 돈에 대한 경계를 언급한 것을 쉽게 찾아볼 수 있다. 그리스도교의 성경에는 "부자가 천국에 들어가는 것은 바늘구멍에 낙타가 들어가는 것보다 힘들다."라는 구절부터 시작해서 예수가 성전 앞의 상인들을 혼냈다는 일화 등 일일이 열거할 수 없을 만큼 많다. 그런가 하면 불교는 승려들이 애초에 재산을 갖지 않고 결혼도 하지 않은 채 탁발로 삶을 살아가는 것에서 물질에 대해 초연한 태도를 또렷하게 드러낸다.

또 오랫동안 중국을 지배하고 조선 시대 이후 한국 사람들의 생각에 깊은 영향을 미친 유학은 직업의 서열을 '사농공상'(士農工商)으로 매겼다. 즉 상업에 종사하는 것을 가장 비천하게 여겼다. 유학에서는 상업을 통해 얻은 재산을 나쁜 이익이라는 뜻을 지닌 '말리'(末利)라고 부르며 가장 경계해야 할 것으로 삼았을 정도이다.

그런데 오늘날에는 이 서열이 뒤집혔다. 한국의 대학을 살

구걸 중인 승려의 모습 탁발은 승려들의 수행 방식이다. 금욕주의의 일환으로 무소유를 실천하기 위해 밥을 구걸하여 얻은 공양과 보시로 생활을 영위하는 것을 말한다.

펴보면 상업과 관련 있는 경영학, 경제학 등과 공업과 관련 있는 공대의 인기 순위가 높은 편이다. 이는 앞에서 본 것처럼 사회의 유행과 관련이 있다. 옛날에는 인문학이나 농업을 중시했다면 오늘날에는 경제와 기술을 중요하게 생각하기 때문이다. 물론 이 또한 고정된 것은 아니고 밤하늘의 달이 시간이 지나면 변하듯이 변해 왔고 또 변할 것이다.

철학도 종교와 크게 다르지 않았다. 철학자들도 이자가 초래할 수 있는 위험을 지적했다. 플라톤은 "더 많은 것을 갖고 싶은 욕심은 잘못된 행동을 낳는다."라고 말했다. 또 13세기

스콜라 철학을 대표하는 토마스 아퀴나스(1224?~1274)는 고대 그리스 철학자 아리스토텔레스의 생각을 이어받아 "돈은 새끼를 만들지 않는다(nummus non parit nummos)."라고 이자에 대한 생각을 또렷이 밝혔다.

물론 종교의 힘이 약해지고 돈의 힘이 강해졌다고 해서 나쁜 것만은 아니다. 종교의 신은 인류를 보호하고 사회의 질서를 부여해서 인류의 삶을 안정적으로 만들었지만, 한편으로 인간의 삶에 깊이 개입해서 금욕을 강요하는 등 개인의 자유나 생각을 통제했다. 그러나 차츰 인류가 지식을 쌓고 기술을 발전시키면서 스스로 힘을 키웠고 그만큼 신과 종교의 통제에서 벗어나 자유로워지게 되었다.

이 과정에서 자본주의가 발달하여 물질적 풍요를 가져왔고 기술의 발전을 통해서 꿈으로만 여겼던 세상을 만들어 냈다. 불과 얼마 전까지만 해도 인류 대부분은 기본적인 생존을 위한 의식주에 매달려야 했다. 이제 인류는 좀 더 자유롭게 풍요롭고 행복한 꿈을 꿀 수 있게 되었다. 그리고 많은 꿈을 돈으로 대표되는 자본을 통해 이루었다.

그러나 풍선이 부풀면 언젠가 터지기 마련이다. 아름다운 고리에는 이런 속담이 있었다. '어제 좋았던 것은 오늘 나쁜 것이 되고, 오늘 나빴던 것이 내일 좋은 것이 되는 게 세상의 이치이다.'

오늘날 돈은 사람들의 생각까지도 지배하며 주인 행세를 하거나 심하게는 주인이 되어 사람들을 부리고 있다. 그렇지만 언젠가는 사람들이 돈보다는 아름다운 꿈과 마음을 두근거리게 만드는 사랑, 그리고 희망을 더 많이 이야기하는 세상이 오지 않을까? 그렇게 되려면 탐욕에서 비롯된 과도한 이자, 그 이자로 인해 인간이 노예 상태로 전락하지 않게 만드는 법과 제도가 필요할 것이다.

줄어들고 죽어 가는 돈

돈은 신처럼 죽지 않는다고 앞에서 말했다. 그런데 최근에 줄어들고 죽어 가는 돈을 실험한 적이 있었다. 돈이 죽는다니! 깜짝 놀랄 일이었다. 그러나 실제로 있었던 일이고 앞으로 일어날 수 있는 일이다.

인간처럼 늙어 가다가 죽는 돈의 원리는 바로 돈의 수명을 정하는 것이다. 1년이라는 수명을 정하면 매달 조금씩 돈의 가치가 줄어들게 된다. 쉽게 말해서 돈이 매달 10퍼센트씩 늙어 쪼그라든다고 생각하면 된다. 1월에는 1만 원짜리 돈이 2월이 되면 9000원이 되고 3월에는 8100원이 되는 이치이다. 무슨 뚱딴지 같은 소리냐고 되묻고 싶을 것이다. 그게 무슨 돈이냐고 고개를 갸웃거릴지도 모르겠다.

하지만 근대까지 돈으로 주로 사용되었던 곡식이나 옷감을 생각해 보면 돈이 늙고 죽는다는 것을 쉽게 이해할 수 있다. 곡식이나 옷감은 시간이 지날수록 가치가 하락한다.

그건 오늘날처럼 화폐를 쓰지 않았던 과거의 일이라고 주장할지도 모른다. 그러나 돈이 늙고 죽어 가는 실험을 한 것은 1932년으로, 지금으로부터 100년도 안 된 때의 일이다. 게다가 이 늙고 죽어 가는 돈은 여러 경제학자에게 영향을 미쳤다. 획기적인 아이디어라고 찬탄한 학자들도 있었다.

그래도 지갑 속에 있는 돈을 그대로 두면 가치가 줄어든다는 것에 불만이 생길 것이다.

"왜 내 돈이 늙고 죽어야 하는 거야?"

화를 가라앉히고 곰곰이 따져 보자. 만약 돈이 시간이 지나면서 가치가 떨어진다면 어떻게 하겠는가? 저축하기보다는 가능한 한 빨리 쓰는 것이 유리하다. 그러니까 1만 원일 때 쓰는 것이 이익이다. 시간이 지나면 9000원이 될 테니까.

만약 사람들이 재빨리 돈을 쓰면 어떤 일이 벌어질까? 돈의 흐름이 빨라질 것이다. 돈의 가치가 떨어지기 전에 얼른 편의점으로 가서 물건을 사고, 이렇게 돈이 생긴 편의점 주인은 얼른 식당에서 밥을 먹을 것이며, 식당 주인은 노래방을 가고, 노래방 주인은 여행을 가고…….

돈을 빨리 쓰면 경제 상황이 좋아진다. 그러면 부의 분배가 활발해지고 사람들의 살림살이가 나아진다.

실제로 1932년에 오스트리아의 뵈르글이라는 지역에서 늙고 죽는 돈을 사용한 적이 있었다. 뵈르글 주민들은 관광 산업으로 윤택한 삶을 살았지만, 대공황이라는 세계적인 불경기가 찾아오면서 경기가 급속도로 나빠졌다.

공장은 하나둘씩 문을 닫았고 일자리를 잃은 사람들이 늘어났다. 그때 시장으로 당선된 사람이 이 늙고 죽는 돈을 도시에 도입했다. 그러자 사람들은 돈을 빨리 쓰기 시작했고, 다른 지역은 여전히 불황에 시달렸지만 뵈르글만은 번영을 누렸다. 뵈르글의 시민들은 그 화폐를 '스탬프 화폐'(일반적으로는 자유 화폐)라고 불렀다. 많은 도시에서 조사단을 파견했고 곳곳에서 비슷한 실험이 행해졌다.

그러나 이 실험은 1년 만에 막을 내렸다. 그 이유는 뵈르글 내부의 문제가 아니었다. 화폐를 발행하는 것은 그때나 지금이나 국가이다. 국가가 이 늙고 죽는 돈의 발행을 금지했다. 많은 도시가 늙고 죽는 돈을 발행하면 국가는 경제의 통제권을 잃을 수 있다. 경제의 통제권을 잃는다는 것은 국가의 힘을 상실하는 것이다.

늙고 죽는 돈이 무조건 좋다는 말은 아니다. 돈이 지닌 두 얼굴 가운데 자본을 통한 문명의 건설이라는 점에서는 불리하다. 자본을 축적해서 우주로 우주선을 보내는 일이 힘들어진다. 그러나 한편으로 또 다른 얼굴, 즉 돈을 쌓아 두고 거기서 생기는 이자로 인해서 발생하는 비극은 막을 수 있다.

오늘날에도 여전히 늙고 죽는 돈은 작은 규모로 실험을 거듭하고 있다. 그러니까 돈이 늙고 죽을 수 있다는 생각은 여전히 계속되고 있다는 말이다.

자유를 잃지 마라

. . . .

현대 자본주의는 지구인들을 탐욕스럽게 만들었다. 오늘날 지구에서 첨단 분야로 손꼽히는 금융업은, 거칠게 표현하면 돈을 이용해서 남의 돈을 버는 일이다. 또 땀 흘려 일하기보다는 건물을 갖고 높은 임대료를 받아 돈을 벌거나, 노동에 대한 정당한 대가를 치르지 않고 착취해서 돈을 버는 것도 탐욕의 결과이다.

적절한 투자는 많은 사람을 이롭게 해서 좋지만 소수의 탐욕을 채우기 위해 다수의 돈을 약탈하고 노예 상태로 만드는 것은 옳지 못하다. 그러나 현재 지구에서는 이런 일이 비일비재하다.

아름다운 고리의 이주민들은 이런 상황을 잘 이해하고 대처해야 한다. 지구인들 가운데 물건을 사거나 여행을 가기 위해 돈을 빌리고 그로 인해 신용불량자가 되어 고통을 받는 이들도 있고, 돈을 벌기 위해 금융권에서 돈을 빌렸다가 이자를 갚지 못해 파산하는 경우도 종종 있다.

앞에서 살펴보았지만 이자는 심하게는 사람을 노예 상태로 만드는 무서운 괴물이기도 하다. 따라서 이주민들은 당장 편리하다는 이유 또는 과욕을 부려 함부로 높은 이자의 돈을 빌리면 안 된다. 이자는 대가를 요구한다. 이자를 갚기 위해 어쩌면 몇 배의 일을 해야 할지도 모른다.

한순간의 욕망 때문에 우리가 누려야 할 자유를 포기하지 마라. 자유를 잃으면 친구를 사귈 수도 없고 아름다운 지구 생활도 누리지 못하게 된다.

6

좋아하는 일을 즐겁게 하라

노동

좋아하는 것을 찾아라

우리가 정한 경제생활 십계명의 여섯 번째는 '좋아하는 일을 즐겁게 하라.'이다. 즉, 노동(직업)에 대한 것이다.

아름다운 고리의 주민들은 오늘날 지구의 인류처럼 일을 많이 하지 않았다. 사람과 상황에 따라 달랐지만 평균으로 보면 4~6시간 정도의 노동을 했다.

나머지 시간은 독서나 게임처럼 자기가 좋아하는 일을 하거나 사람들과 어울려 차를 마시며 이야기를 나누고, 여행을 다니기도 했다. 좋은 차를 사거나 큰 집을 사기 위해 일을 해서 돈을 벌어야 할 이유가 없었고 미래를 위해 돈을 저축할 필요도 없었다.

그러나 지구의 사정은 아름다운 고리와 크게 다르다. 지구인은 일을 많이 하고 있다. 지구인이 일하는 주요 목적은 돈을 벌기 위해서이다. 일이 재미있어서 한다기보다는 돈이 필요하므로 하고 싶지 않은 일을 하는 사람들이 많다는 뜻이다.

그래서인지 지구인들이 직업을 선택할 때 첫손가락에 꼽는 조건은 연봉, 즉 돈이라고 한다. 돈에 신경 쓰지 않고 자기가 하고 싶은 일을 했던 아름다운 고리의 주민들은 돈이 최고의 기준이 된다는 말에 선뜻 수긍하지 못할 것이다.

지구에서 살기 위해서는 돈이 필요하다. 아름다운 고리의 이주민들도 지구에서 살아가기 위해 일을 해야 하고 직업을 가져야 한다. 우리는 다만 그 과정에서 자칫 지구인들처럼 일만 하는 사람이 되지 않기를 바란다. 과거 아름다운 고리에서 그랬던 것처럼 먼저 시간을 충분히 갖고 신중하게 하고 싶은 일이나 좋아하는 일을 찾아야 한다. 지구인처럼 남들의 시선을 지나치게 의식하거나 돈을 많이 버는 직업보다는 좋아하는 일을 찾으라는 말이다. 그리고 그 일을 통해 지구에서의 생활을 즐겁게 하며 지내기 바란다.

우리는 지구에 일하기 위해 이주해 온 것이 아니다. 우리는 새로운 삶을 찾아 행복을 누리기 위해 지구에 왔음을 잊어서는 안 된다.

노동하는 인간

오늘날 지구인들의 직업을 알기 위해 먼저 그 역사부터 살펴보자. 지구에서 살아온 인류는 농경 생활을 시작한 이후 오랜 세월 노동을 해 왔다.

노동이란 사람이 생활에 필요한 물자를 얻기 위해 육체적 노력이나 정신적 노력을 들이는 행위를 가리키는 말이다. 노동은 일이나 직업이라는 말로 표현되기도 한다. 여기서는 편의상 '노동'과 '일'을 섞어서 쓸 것이다.

노동은 의식주를 비롯해 생활에 필요한 물자를 얻기 위한 행위라는 점에서 생존에 필요한 가장 기본적인 요소 가운데 하나다. 그러나 뒤집어 보면 생존을 위해 해야 한다는 점에서 노동이나 일, 또는 직업은 인류가 추구해야 할 삶의 목적이 아니라 행복한 삶을 위한 수단일 뿐이기도 하다. 사람은 노동하기 위해 태어난 기계와 같은 존재가 아니기 때문이다.

물론 자연이나 사회가 우리에게 필요한 의식주를 비롯한 물자를 거저 주지 않기에 일을 해야 하고 직업을 가져야 한다.

인류의 역사를 보면 구석기 시대에는 자연이 삶에 필요한 것을 주었고, 인류 또한 자연이 주는 것 이상을 원하지 않았기 때문에 오늘날의 인류처럼 고된 노동을 하지 않았다. 그러나 기원전 8000년 전후에 시작된 신석기 시대부터 인구가 급속도로 증가하고 자연에서 얻을 수 있는 것이 한정되면서 인류는 먹을 것을 얻기 위해 농사를 비롯한 본격적인 노동을 하게 되었다.

과거 지구인들은 이왕 해야 한다면 적극적으로 하는 편이 낫다고 생각한 모양이었다. 그래서 한때 노동은 신이 인류에게 부여한 신성한 것이라고 일컬어지기도 했고, 일을 해서 가족을 먹여 살린다는 점에서 '삶의 보람'이라고도 했다.

현대에 들어서는 신성함과 보람에 더해 일(직업)이 자아를 실현하는 방법이라고들 했다. 자기가 원하는 일을 하고 그를 통해 자기를 발견하고 스스로 생각하는 삶을 실현한다는 점에서 일과 직업은 분명히 자아실현의 방편이었다. 노동이 신성하고 삶의 보람을 느끼게 해 주며 자아실현의 도구라는 생각은 오랫동안 사람들의 머릿속을 지배했다. 그리고 실제로도 그렇게 행동했다. 그래서 이런 말들이 생겼다.

"일하지 않는 자, 먹지도 마라."

"직업에 귀하고 천한 것이 따로 없다."

"천직(하늘에서 준 직업, 즉 타고난 직업)이다."

그러나 이 신성함과 삶의 보람이라는 가치는 사람들이 회피하지 않고 적극적으로 노동에 참여하게 하기 위해서 만들어진 측면도 있다. 오늘날 지구에서는 노동이 신성하다는 생각이 엷어지고 있다. 실제로 직업이나 일을 통해 자아를 실현하는 사람은 아주 소수이기 때문이다.

적절하게 노동을 하는 것은 몸이나 두뇌를 활용하기 때문에 건강에도 좋고 때로는 활력을 느끼게 해 주지만 과도한 노동은 몸을 병들게 하고 지치게 만든다. 너무 일을 많이 해서 죽는 경우를 가리키는 '과로사'라는 말이 있다. 이 말은 일본에서 유래했는데 세계적으로 정평이 난 브리태니커 사전에 등록되어 있을 정도로 유명하다.

우리는 과로사라는 말을 아직도 이해하지 못한다. 어떻게 사람이 죽을 정도로 일을 한다는 말인가? 아니 왜 그렇게 일을 해야 한단 말인가? 일은 먹고 '살기' 위한 것이 아니던가?

사람들에게 주어진 시간은 한정되어 있다. 인간은 죽음을 피할 수 없다. 이렇게 인생이라는 시간은 유한하기에 노동 시간이 길어지면 피로가 쌓이고 건강을 해치는 것 말고도 놀이 같은 여가나 공부처럼 자기를 향상할 수 있는 시간이 줄어들 수밖에 없다.

현재 지구의 인류가 안고 있는 중요한 문제 가운데 하나가 노동이다. 어떻게 노동 시간을 줄여야 할지, 노동 시간 외에 어떻게 삶을 즐길 것인지, 아니면 노동 시간을 단축한 이후에 어떻게 삶의 질을 유지할 수 있는지와 같은 고민이 그것이다.

천국에서는 노동하지 않는다

인류는 그 모습은 시대마다 다르지만, 오랫동안 천국이나 낙원을 꿈꾸어 왔다.

먹을 것이 부족했던 시대에는 마음껏 먹고 마시는 모습을 천국이나 낙원의 이미지로 꿈꾸었다. 늘 춤추고 노래하는 즐거운 모습으로 죽지 않고 영원히 사는 것을 꿈꾸기도 했다. 중국의 시인 도연명(365?~427?)은 복사꽃이 화려하게 핀 마을을 낙원의 모습으로 그려 내고 '무릉도원'이라고 이름 붙였다.

그리스인들과 인도인들은 '황금시대'라고 불리는 때를 상상하고 세상이 알아서 먹을 것을 제공해 주는 모습으로 천국과 낙원의 모습을 묘사했다. 이 밖에도 세계 곳곳에는 인류가 꿈꾸었던 천국과 낙원을 담은 이야기와 그림, 생각이 남아 있다. 사람들이 천국과 낙원을 꿈꾼 것은 현실과 다른 아름답고 행복한 세상을 원했기 때문이다.

수많은 사람이 그린 천국과 낙원의 모습을 보면 공통으로 묘사된 것들이 있다. 먹을 것이 풍부하고 죽지 않거나 오래 사는 모습에 더해서 그를 위해 필요한 노동이 없다는 점이다. 즉, 천국이나 낙원에서는 노동하지 않는다.

그리스 사람들이 묘사한 황금시대를 살펴보자.

이 시대의 인간은 노동을 몰랐다. 경작하거나 수렵을 하지 않아도 대지가 먹을 것을 제공해 주었다. 강에는 젖과 꿀이 흐르고 나무마다 달콤하고 풍요로운 열매가 달려 있었다. 따라서 남의 것을 빼앗거나 더 많이 소유하기 위해 경쟁하거나 위협할 일이 없었다.

황금시대를 묘사한 그림 고대 그리스인은 인류의 역사를 금, 은, 청동, 영웅, 철의 다섯 시대로 나누었는데, 황금시대는 그중 첫 번째 시대로 이상향을 가리키는 말이다. 그림은 루카스 크라나흐(1472~1553)의 <황금시대>다.

당연히 경쟁과 싸움을 위한 무기도 전쟁도 없었다. 갈등이 없었기에 그로 인해 생기는 슬픔이나 고통도 존재하지 않았다.

인간들은 신처럼 살았다. 걱정도 없었으며 몸과 마음을 괴롭히는 문제도 고뇌도 없었다. 늙지 않는 봄과 같은 육체를 지니고 있었기 때문에 생로병사의 고통에 대해 알지 못했다. 황금시대의 인간은 매일 연회를 열어 흥청거리며 마셔 댔다.

그들이 죽은 것은 잠을 너무 많이 잤기 때문이라고 한다. 제우스는 그들을 지구 밑바닥으로 가라앉게 했다.

위의 내용에 따르면 초기 인류는 노동하지 않은 것이 아니라 노동에 대해 아예 몰랐다. 할 필요가 없었으니 알 필요도 없었을 것이다. 일과 공부에 시달리는 오늘날의 지구인이라면 매일 축제를 하고 잠을 실컷 잘 수 있다는 데에 부러움의 눈초리를 던지지 않을까.

오늘날 지구인들은 풍부한 먹을거리를 비롯해 생활에 필요한 물자를 얻기 위해, 소위 돈을 벌어야 한다. 물론 돈을 벌기 위해서는 노동을 해야 한다.

그런데 대부분의 천국과 낙원에서 인류는 일하지 않는다. 그것은 자연이 되었든 아니면 다른 외부에 의해서든 풍부하고 맛있는 음식이 제공되기 때문이다. 먹을 것을 위해 노동을 하지 않아도 된다. 앞서 언급했듯이 인류 역사에서 체계적인 노동을 하지 않았던 때는 구석기 시대였다. 구석기 시대에는 자연이 제공해 주는 먹을거리가 풍부했고 인구도 적었기 때문에 먹을 것을 놓고 경쟁을 하지 않아도 되었고 또한 애써 노동을 하지 않아도 되었다.

그래서인지 세계 곳곳에 존재하는 천국과 낙원의 이미지는 먼 미래 사회가 아니라 고대 사회의 모습이다. 오히려 미래 사회는 이런 유토피아와는 반대인 암울한 디스토피아로 그려지는 경우가 훨씬 많다. 기술이 발달할 미래 사회가 잿빛 디스토피아로 묘사되는 이유는 많은 사람이 즐겁게 지내는 천국이나 낙원이 아니라 소수만 행복한 사회가 될지도 모른다는 불안 때문이다.

실제로 노동을 하지 않고도 풍요로운 생활을 하는 사람들은 어느 시대나 늘 있었다. 이른바 왕이나 귀족들이 그들이다. 그리고 돈이 세상의 중심이 되고 돈이 돈을 버는 사회로 변한 현대에는 자본을 가진 사람들이 왕과 귀족의 자리를 차지하고 있다.

앞으로 기술이 발달해서 지구인들이 과도하지 않고 적절한 노동을 하며 삶의 보람과 생존의 힘을 얻고 함께 행복한 사회로 나아갈 수 있을지도 모른다. 기술이 또 다른 불평등의 원인이 되지 않는다면 말이다. 과거의 아름다운 고리가 그러했던 것처럼, 기술을 모든 사람들을 위해 활용할 수 있다면 고된 육체노동이나 엄밀함을 요구하는 정신노동은 인공 지능이나 로봇에게 맡기고 인류는 여가와 놀이를 즐길 수 있을 것이다.

세상을 바꾼 산업 혁명

앞서 말했듯이 신석기 시대부터 대부분의 인류는 농경 생활을 하면서 노동을 하게 되었다. 물론 이후에도 오랫동안 채집과 사냥 방식으로 먹을 것을 얻는 생활을 한 사람들도 있지만, 이들은 소수이며 대체로 기록을 남기지 않아서 구체적인 면모를 살피기 어렵다.

농사를 지어 먹을거리를 마련하는 농업은 오랜 세월 계속되었다. 채집이나 사냥과 달리 농업은 많은 사람이 모여서 하는 것이 유리했기 때문에 사람들은 무리를 지어 모여 살기 시작했다. 이렇게 사람들이 모여들면서 규모가 큰 공동체, 즉 국가가 탄생했다.

농사를 짓기 위해서는 흔히 땅이라고 불리는 토지가 필요했다. 이 시대의 부자는 토지를 많이 소유한 사람이었다. 땅은 사람들의 사회적 지위와 관련이 있었다. 따라서 국가의 사회 경제 정책도 토지 확보가 최우선이었다. 영토 전쟁이 빈번하게 일어난 것도 이 때문이다.

산업 혁명이 일어나기 전인 18세기까지 인류의 80~90퍼센트가 농업에 종사했다. 오늘날도 그렇고 앞으로도 그렇겠지만 농업은 여전히 먹을거리를 생산하는 중요한 산업이다. 그런데 수천 년 동안 인류의 살림을 책임지던 농업이 산업 혁명이라는 인류 역사의 큰 발자국에 밀려났다.

산업 혁명은 고작 200~300년밖에 되지 않았지만 노동에 대한 생각과 노동의 모습을 크게 바꾸어 놓았다. 지구 말 중에 '상전벽해'(桑田碧海)라는 단어가 있는데 뽕나무 밭이 변해서 파란 바다가 되었다는 뜻으로, 큰 변화가 생겼음을 의미한다. 산업 혁명은 말 그대로 상전벽해였다.

다른 행성의 외계인이 우리에게 현대의 지구인을 이해하는 데 가장 중요한 것이 무엇인지 묻는다면 우리는 망설임 없이

'산업 혁명'이라고 대답할 것이다.

산업 혁명은 지구 인류의 삶을 송두리째 바꾸어 놓았다. 당연히 노동의 영역에도 한여름의 폭풍처럼 엄청난 변화를 몰고 왔다.

노동의 변화

이제 노동은 논과 밭이 아니라 공장에서 이루어졌다. 이전에는 비가 내리거나 태풍이 찾아오는 등 날씨가 나쁘면 일을 할 수 없었지만, 공장은 이런 자연의 영향을 크게 줄여 주었다. 그리고 이전에는 해가 지면 일을 마쳤지만 전기의 발명으로 이제 낮과 밤을 가리지 않고 일을 할 수 있게 되었다. 한마디로 노동이 자연과 분리되기 시작했다.

기계의 발명으로 생산량 또한 크게 늘었다. 게다가 이제는 인류가 한곳에 머무를 필요도 없어졌다. 농사는 땅을 생산 수단으로 삼기 때문에 땅이 있는 곳에 머물며 살아야 했지만, 기계와 공장의 등장으로 한곳에 머무르며 살 이유가 없어진 것이다.

산업 혁명으로 인한 인류 생활의 가장 큰 변화 중 하나는 바로 이런 것이다. 옛날에 농사는 선배나 부모의 경험이 중요했고 그것이 다음 세대로 이어졌다. 이렇게 경험을 전수하는 과

와트의 증기 기관 스코틀랜드의 기계공학자인 제임스 와트(1736~1819)가 발명·개량한 증기 기관은 영국을 넘어서 세계의 산업 혁명을 촉진했다.

정에서 선배나 부모에 대한 빚이 생기고 그를 통해 존경이나 사랑, 믿음과 같은 아름다운 가치도 함께 만들어졌다.

그런데 이제 노동은 땅이 아니라 기계와 공장을 중심으로 이루어지고 인간의 경험과 자연보다는 기계의 상태가 더 중요한 요소가 되었다. 아무리 많은 경험을 축적해도 새로운 기계가 등장하면 그 경험은 무용지물이 되기 일쑤였다.

이와 더불어 오랫동안 인류의 삶과 노동을 지탱해 온 경험에 대한 존경과 믿음도 약해졌다. 인간적인 경험보다 기계가 앞서기 시작했으므로 사람들도 경험자보다는 기계의 성능에 존경과 믿음을 갖게 되었다. 과거에는 연장자가 경험이 풍부하고 현명한 사람으로 존경을 받았지만, 오늘날 이들에 대한 존경이 약해진 것도 이런 노동의 변화와 관련이 있다.

이렇게 기계의 비중이 커지면서 막힘없는 기계 생산량에 맞춰 노동 시간도 크게 연장되었다. 기록에 따르면 1830~1860년대에는 하루에 16시간씩 노동을 하기도 했다. 16시간이면 잠을 자는 시간 말고는 대부분의 시간을 일했다는 뜻이다. 특히 어린이와 여성들의 과도한 노동은 사회 문제가 되기도 했다.

한편, 가족과 이웃들이 함께 일하는 농업과 달리 공장에서는 각지에서 모여든 낯선 사람들과 일을 해야 했다. 이렇게 낯선 사람들과 일하게 되면서 오랫동안 사람들의 생활을 지탱했던 공동체가 약해지고 인간관계도 변화했다. 그것은 믿음을 토대로 한 부채와 교환 시스템의 약화를 의미했다.

공동체의 약화는 개인의 자유와 욕망을 강하게 만들었다. 이는 개인주의가 발달하고 집단의 의사보다 개인의 의사가 더 중요한 시대로 변하는 계기가 되었다.

시계 위의 노동

산업 혁명은 긍정적이든 부정적이든 인류의 삶에 큰 영향을 미쳤다.

가장 큰 변화는 임금 노동이 일반화되었다는 점이다. 씨앗을 뿌리고 추수를 해서 그 수확량으로 한 해를 살던 경제생활이 이제는 공장 노동을 해서 주급이나 월급을 받아 생활하는 형태로 바뀌었다.

농업에 종사할 때는 해가 뜨면 일을 시작해서 해가 지면 일을 마치고 비가 오면 쉬고 계절에 따라 노동 시간이 정해지는 형태로, 대체로 자연적인 시간의 리듬에 따른 생활을 했다. 그러나 공장에서 일하게 되면서 자연적인 시간보다는 시계와 달력에 표시되는 시간이 중요해졌다. 임금도 그 시간에 맞춰 받았다. 노동의 대가인 임금을 의미하는 시급이나 월급, 연봉 등은 모두 이 시간에서 나왔다.

농업 시대에 자연이 사람들의 생활을 통제했다면, 산업 혁명 이후에는 시간과 기계의 리듬이 인간을 제어하기 시작했다. 일을 마치는 시간은 해가 질 때가 아니라 기계가 멈출 때로 바뀌었다.

이전까지는 시간과 시계가 그다지 중요하지 않았다. 약속도 오늘날처럼 시계의 시간으로 정하는 것이 아니라 '해가 질 때'나 '해가 하늘에 높이 있을 때'로 정했다. 그러나 시간은 산업 혁명 이후 점점 중요해졌고 오늘날 지구인의 삶을 지배하는 매우 중요한 요소가 되었다. 심지어 올림픽에서 치르는 경기에서는 0.01초로 승부가 갈리기도 한다.

미국의 철학자 루이스 멈퍼드(1895~1990)는 "증기 기관이 아니라 시계가 근대 산업 사회의 핵심 기계이다."라는 말을 남겼다. 그 말은 사람들을 지배한 것은 시계임을 의미한다.

영국의 동화 작가 루이스 캐럴(1832~1898)이 쓴 동화 『이상한 나라의 앨리스』에 나오는 시계토끼는 지구에서 유명 인사다. 직장인처럼 양복을 입고 바쁘다는 말을 입에 달고서 여기저기 다니는 모습이 현대인을 닮았기 때문이다.

오늘날의 지구인들을 보면, 기술이 발달하면서 사람들의 생활이 편리해졌는데도 늘 시간에 쫓긴다. 음식도 패스트푸드처럼 빨리 먹는 것이 등장하고 초고속 열차와 비행기가 발명되었는데도 늘 시간이 모자란다고 투덜거린다. 그 많던 시간은 다 어디로 갔을까?

시간이 기준이 되기 시작한 것과 맞물려 함께 진행된 것이 자재나 제품의 종류·품질·모양·크기 등을 일정한 기준에 따라 통일하는 '표준화'이다. 농업은 자연과 환경에 큰 영향을 받았다. 아무리 열심히 농사를 지어도 태풍이 찾아오거나 폭우가 쏟아지면 한 해 농사를 망치고 만다. 그러나 공업은 자연과 분리되었고 이에 따라 생산을 위한 좀 더 정교한 계획을 세울 수 있게 되었다. 그 계획을 완성하기 위해 많은 것들이 표준화되었다.

무엇보다 사람들에게 영향을 크게 미친 것은 도시화였다. 농촌이라는 말은 농사를 짓는 사람들이 모여 사는 마을을 가리킨다. 하지만 본격적으로 공업이 발달하고 일자리가 많이 생기면서 사람들이 도시로 모여들기 시작했고 농촌의 인구는 점점 줄어들었다.

농민에서 노동자로

18세기 후반에서 19세기 전반에 걸쳐 유럽에서는 2차 인클로저 운동이 일어났고, 이 때문에 많은 사람이 농사를 짓던 농촌에서 밀려나 도시로 몰려들었다. 인클로저 운동이란 곡물 가격이 상승하자 지주들이 농민들의 토지를 강압적으로 흡수해서 대농장을 경영한 것을 가리킨다.

토지를 잃은 농민들은 살기 위해 일자리를 찾아 도시로 향했다. 이 때문에 도시화가 더욱 급속하게 진행되었다. 그러나 도시는 낙원이 아니었다. 기계와 기술의 발달로 사람들의 일자리를 기계가 대신 차지했고 대량 실업이 발생했다. 이 때문에 기계를 파괴하는 러다이트 운동이 일어나기도 했다.

이런 과정을 거치면서 농민은 노동자가 되었다. '노동자'라는 말이 본격적으로 쓰이게 된 것은 산업 혁명 이후의 일이다. 사람들은 산업 혁명 이전에도 노동을 했다. 그러나 이들을 따로 구분해서 노동자라고 부르지 않았다. 농민이나 노동자나 모두 일을 했는데 구분해서 부르게 된 것은 왜일까?

여기에는 생산 수단의 보유가 중요한 기준이 된다.

생산 수단은 말 그대로 생산할 수 있는 수단을 가리키는 말이다. 농민들의 경우에는 곡식을 생산할 수 있는 땅이 생산 수단이 된다. 그러니까 생산 수단에 사람의 노동을 결합해서 곡식이나 생활에 필요한 것을 얻었던 것이다. 농민들은 땅을 일구고 씨앗을 뿌린 다음 김을 매는 등의 노동을 하고 가을이면 추수해서 먹을 것을 비롯한 여러 가지를 얻을 수 있었다.

그런데 산업 혁명 이후 많은 사람이 농촌을 떠나서 도시로 이주하게 되었다. 농민들은 생산 수단을 잃고 노동자가 되었다. 공장에서 일하는 사람들을 '공장 노동자'라고 불렀다. 공장 노동자들은 농민들과 달리 스스로 생산한 물건을 자기가 직접 소유하지 못한다. 그 물건의 소유는 공장의 주인이다.

공장 노동자들은 임금이라고 불리는 것을 받았다. 그래서 다른 말로 이들을 '임금 노동자'라고 부른다. 오늘날 지구인의 대다수는 임금을 받으며 일하는 임금 노동자들이다. 임금은 화폐로 받았다. 농민들은 자기가 수확한 곡물을 가졌지만, 노동자들은 돈을 받게 된 것이다.

농업은 토지와 인간의 노동이 결합한 것이었지만, 이제 토지 대신에 기계가 등장했고 그 기계는 자본에 의해 만들어졌다. 생산 과정은 '토지+인간의 노동'에서 '자본+인간의 노동'으로 바뀌었다.

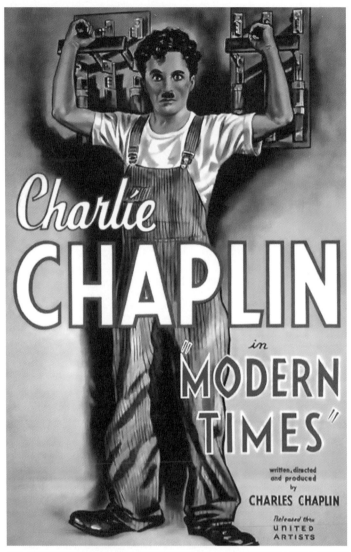

영화 <모던 타임즈> 포스터 1936년에 제작된 찰리 채플린(1889~1977)의 코미디 영화로, 산업화와 기계화 과정에서 소외된 인간의 모습을 날카롭게 그려 냈다.

노동자의 특징

노동자는 과거 농민과는 다른 모습으로 살아야 했다.

먼저, 농민이라면 토지가 중심이기 때문에 평생을 거의 이동하지 않고 그 자리에서 살았다. 그러니까 한곳에서 태어나 농사를 지으며 자라고, 결혼을 해서 아이를 낳고, 그곳에서 죽어 묻혔다. 여행하는 경우는 거의 드물었다.

또한 농민들은 실직하는 경우가 없었다. 스스로 병에 걸리거나 다쳐서 일할 수 없을 뿐이지, 땅이 있다면 직장을 잃을 수가 없었다. 하지만 노동자는 그렇지 않았다. 공장이 문을 닫거나 해고를 당하면 다른 곳에서 일자리를 찾아야 했다. 일을 찾아서 다른 지역으로 떠나기도 했다.

두 번째 변화는 하는 일이 분업화되었다는 점이다. 농민들은 농사에 대한 전반적인 일을 모두 해야 했지만, 기계와 함께 일하는 노동자가 되면서 자기가 맡은 구체적인 일이 생겼다.

찰리 채플린이 주연한 유명한 영화 〈모던 타임즈〉를 보면, 주인공은 하루 종일 나사를 돌리는 일을 해야 했고 나중에는 단추를 보고도 나사로 착각해 돌리려고 하는 우스꽝스러운 장면이 나온다.

이처럼 노동자들의 노동은 세분화되어서 하루 종일 나사만 돌리거나 하루 종일 물건만 나르는 똑같은 일을 해야 했다.

세분화는 일의 영역에서만 이루어진 것이 아니다. 인종과 나이, 종교, 성 등의 세분화도 동시에 진행되었다. 오늘날 지구에서 많은 문제를 일으키고 있는 인종과 나이, 종교, 성의 구분과 분리는 이때 본격화되었다. "숙련된 일도 여성이 하면 비숙련된 일이 된다."는 말이 생겨날 정도였다.

구분과 분리가 생기면 차별이 생기기 쉽다. 인종 차별, 남녀 차별 등이 그것이다. 이 가운데 성의 구분, 즉 남성과 여성 사이에는 오늘날에도 여전히 임금의 격차가 난다. 그러니까 여성들이 대체로 낮은 임금을 받고 있다.

세 번째 변화는 일이 세분화되면서 다른 사람들과 호흡을 맞추어야 한다는 점이다. 예를 들면 열 명이 함께 일을 해서 하나를 만든다고 했을 때 아홉 명은 열심히 일하는데 한 명이 일을 하지 않으면 물건을 만들어 낼 수 없게 된다.

농사는 몸이 아프면 다음 날 해도 큰 문제가 없지만, 공장은 그렇지 않았다. 정해진 규칙과 리듬에 따라 일을 해야 했다. 농사가 사람 중심이라면 공장 노동은 기계나 공장의 규칙이 중심이었다. 이것은 곧 복종을 요구한다. 노동자는 정해진 규칙과 리듬에 복종해야 했다. 개인적인 사정이나 감정 등은 고려되지 않았다. 날씨가 좋다고, 아니면 날씨가 나쁘다고 쉬거나 놀 수 없었다. 쉬는 시간과 쉬는 날이 정해져 있고 그에 따라야 했다. 그래서 공장은 감옥을 모델로 해서 만들어졌다. 그것은 감시하기에 좋은 구조였기 때문이다.

또 하나, 사람들이 복종해야 했던 것은 시간이었다. 과거와 다른 시간이 세상에 출현했다. 이를 '근대적 시간'이라고 부른다. 농사를 지을 때는 시간을 스스로 통제했지만, 이제는 벽시계나 손목에 찬 시계에 의해 쉬는 시간과 일하는 시간, 점심시간 등이 정해졌다.

학교는 어릴 때부터 아이들에게 시간의 구분과 시간의 통제를 알리고 훈련하는 역할도 맡았다. 오늘날에도 학교는 여전히 시간의 흐름에 따라 수업이 진행되고 점심시간과 쉬는 시간이 정해져 있다.

미국의 정치가인 벤자민 프랭클린(1706~1790)이 "시간은 돈이다."라고 한 말은 이런 변화를 배경으로 한다. 시간은 이렇게 해서 귀한 신분이 되었고 시간과 공장은 사람들에게 복종을 요구했다.

네 번째 변화는 위의 세 번째 변화와 관련이 있다. 사람은 기계가 아니다. 그러나 공장이 생산의 효율성을 위해 정해진 규칙에 따르도록 사람들을 감시하고 감독하면서 여기에 불만을 가진 노동자들이 맞서 싸우기 시작했다. 다시 말해 일을 시키는 사람과 일을 하는 사람들 사이에 갈등이 생겨났다. 사람들이 모이면 늘 갈등이 생기기 마련이다. 인류는 오랫동안 이 갈등을 슬기롭게 해결하기 위해 많은 궁리를 해 왔다. 법과 교육, 축제 등은 그렇게 해서 태어난 것들이다.

그러나 세 번째 변화에서 살펴본 것처럼 대량 생산을 위해 시간과 공장을 소유한 자본가들이 노동자에게 복종을 요구했고, 이로 인해 드러난 갈등을 법과 교육, 축제 등을 통해서 해결하기보다는 강압적으로 억누르려 하면서 노동자들의 저항이 일어났다. 네 번째 변화는 바로 저항이다.

사람들은 규칙에 따라 복종을 하며 열심히 일해도 가난을 벗어나기 힘들었다. 산업화 초기의 노동자들은 저임금과 장시간 노동에 시달렸다. 노동자들이 할 수 있는 것은 함께 모여서 조합을 만들고 파업과 같은 투쟁을 통해서 자기들의 이익과 권리를 지켜 나가는 일뿐이었다.

여성들의 노동

산업 혁명은 지구인의 삶을 크게 바꾸어 놓았는데, 그 가운데 여성에게 찾아온 변화는 거대한 파도와도 같았다.

노동은 크게 셋으로 나뉜다. 임금을 받는 노동과 자급자족을 위한 생산 활동, 그리고 임금을 받지 못하는 노동이 그것이다. 이 가운데 자급자족을 위한 생산 활동은 자기들이 먹기 위해 텃밭에서 채소를 재배하거나 집에서 쓸 가구를 스스로 만드는 것과 같은 일이다.

지구의 각 가정에서 행해지는 밥 짓기와 빨래, 청소 등과 같은 가사 노동은 오랫동안 노동에 포함되지 않았다. 노동으로서 정당한 대가가 주어지지도 않았다. 그리고 주로 이 노동에

여성 선거권 대회 1912년 5월 6일, 미국 뉴욕에서 열린 여성 선거권 대회의 모습이다. 한 여성은 유모차를 끌며 투표권을 요구하는 집회에 참가했다.

종사한 사람은 여성들이었다.

산업 혁명이 일어난 초기에 일손이 부족해지자 공장에서 여성과 아이들을 많이 고용했다. 여성과 아이들이 고용된 것은 임금이 쌌기 때문이다. 19세기 영국에서는 한때 여성 노동자가 전체의 31퍼센트 정도를 차지했고, 특히 직물 공장은 여자와 어린이의 비율이 높아서 약 75퍼센트를 차지하기도 했다.

여성들이 본격적으로 집에서 나와 일을 하게 된 것은 지구를 엄청난 불행으로 밀어 넣은 두 차례의 세계 대전 때였다. 한창 일을 할 나이의 남자들이 군대에 동원되자 일손이 부족해졌고, 그동안 주로 임금을 받지 못하는 가사 노동에 종사했던 여성들이 그 자리를 메워야 했다.

여성들이 임금 노동에 본격적으로 진출한 것은 참정권과도 관련이 깊다. 참정권은 정치에 참여할 수 있는 권리를 의미하는데, 가장 대표적인 것이 투표를 할 수 있는 권리이다. 오늘날 지구의 여성들은 투표하는 것이 당연하다고 생각할지 모르지만 여성 참정권의 역사는 그리 길지 않다. 많은 여성 운동가들이 참정권을 얻기 위해 투쟁했다.

가장 먼저 여성에게 투표할 수 있는 권리를 준 나라는 뉴질랜드로, 1893년의 일이었다. 그 뒤를 이어 미국이 1920년, 영국이 1928년, 프랑스는 1946년, 스위스는 1971년이 되어서야 여성에게 참정권을 부여했다. 물론 아직도 여성의 참정권이 없는 나라도 있다.

이처럼 여성의 참정권은 비교적 최근에 허용된 권리이고 그 배경에는 여성들의 노동이 자리하고 있다. 여성들을 남자들처럼 일하게 만들기 위해서는 그에 상응하는 권리를 주어야 했고, 그 대표적인 것이 참정권이었다.

그 이후 여성들의 노동은 급속도로 늘어났다. 최근 지구에서는 맞벌이, 즉 부부가 함께 돈을 버는 형태가 당연한 것처럼 여겨질 정도로 여성의 노동이 활발하다. 여성이 노동을 통해 논을 벌게 되면서 오랫동안 남자의 경제력에 의지하며 살아왔던 여성들의 권익이 높아지고 '양성평등' 같은 주장들이 강해졌다. 이는 자연스러운 현상이다.

최근에 여성의 사회 진출이 활발한 곳에서 결혼이나 출산율이 낮아지고 있는 것도 여성들이 노동을 통해 돈을 벌게 된 것과 밀접한 관련이 있다. 경제가 삶에 미치는 영향을 생각해 보면 이 또한 자연스러운 흐름이다.

노동의 새로운 변화

산업 혁명으로 변화한 노동은 20세기에 들어서 다시 변화를 맞이했다. 산업 혁명 때에는 물건을 만드는 것에 관심이 집중되었다. 그래서 어떻게 더 많은 물건을 만들어 낼지 궁리했고 그 물건의 제작을 위한 기계와 기술이 발달했다. 물론 사람들도 그런 환경에 맞춰 노동해야 했다.

19세기가 대량 생산을 위한 시대였다면 20세기는 그것을 어떻게 팔 것인지에 초점이 맞춰졌다. 이제는 만드는 것도 중요하지만 파는 것도 중요해졌다. 대량 생산에서 대량 소비로 흐름이 바뀌었다. 그에 따라 사람들의 노동도 변했다.

먼저 생산과 서비스가 결합했다. 그리고 시간이 흐르면서 차츰 생산보다 서비스 쪽으로 무게 중심이 기울기 시작했다. 상품의 가치를 결정하는 것은 물건 자체가 아니라 서비스의 질이었다.

이렇듯 판매가 중심이 되면서 노동의 중심 또한 서비스로 변했다. 오늘날 가장 많은 사람이 종사하고 있는 노동이 서비스업이다. 우리가 흔히 직장인이라고 부르는 사람도 서비스업에서 노동하고 있는 사람들이다.

21세기에 들어서 인공 지능으로 대표되는 기술의 발전으로 노동 영역은 다시 변화를 겪고 있다. 사람들이 맡았던 일들을 인공 지능이나 로봇이 맡게 되면서 기존의 서비스 노동이 위기를 맞고 있다.

2016년에 있었던 알파고와 한국인 이세돌의 바둑 대결은 세계적인 관심을 불러일으켰다. 그런데 인간이 만든 가장 복잡한 게임으로 알려진 바둑에서 인공 지능 알파고가 바둑계의 전설인 이세돌을 쉽게 이겼다. 이와 함께 기술 혁명이라는 말이 유행했고, 기술 만능주의라고 부를 수 있을 정도로 기술에 대한 맹목적인 믿음이 생겨났다.

이런 현상은 과거 아름다운 고리에서도 발생했던 일이다. 앞으로 지구인들은 새로운 기술 혁명을 통해 의료와 교육 등에서 편리함을 누릴 것이다. 또 사물들의 연결을 통해서 사람들의 생활은 한층 더 편리해지고 안락해질 것이다. 힘든 노동을 기계와 로봇에게 맡기고 시간의 여유를 즐길 수 있게 된다면, 문화생활을 하며 좀 더 인간적인 삶을 누릴 수도 있을 것이다.

그러나 한동안은 기계화 또는 로봇으로 인해 인류의 일자리가 위협받고 노동에도 혼란이 찾아올 것이다. 산업 혁명으로 농업이 약해지고 20세기에는 서비스업의 발달과 함께 공업이 위축되었던 것처럼, 기술의 발달은 서비스업의 위축을 가져올 것이기 때문이다. 많게는 절반 이상의 일자리가 기계와 로봇으로 대체될 것이다. 얼마 전까지만 해도 단순한 힘이 필요한 분야에서만 기계와 로봇이 활용되었지만, 앞으로는 훨씬 복잡하고 치밀한 작업에까지 활용될 것이기 때문이다.

이제 지구 인류는 새로운 선택의 갈림길에 서 있다고 할 수 있다. 기계와 로봇을 활용해서 인간의 일을 줄이고 그 시간을 활용하며 보다 행복한 삶을 살아가는 것과 기계와 로봇의 지배를 받으며 수동적인 삶을 살아가는 것 사이의 선택 말이다.

즐거운 일을 찾아라

지구의 미래를 다루는 영화들은 대체로 부정적인 모습을 그리고 있다. 유토피아보다는 디스토피아로 미래를 묘사하고 있다. 그것은 현대가 인간 중심이 아니라 돈과 경제 중심의 사회이기 때문이고, 돈과 경제, 그리고 기업이 세계의 주인이 되어 있기 때문이다. 그래서 기술의 비약적인 발전은 사람들보다는 기업의 이익을 위해 활용될 확률이 높다고 생각하는 것이다.

이 문제는 지구인들이 머리를 맞대고 충분히 고민해야 할 사항이다. 소수의 이익을 위해 기술을 활용할 것인지 많은 사람을 위해 기술을 활용할 것인지 하는 문제 말이다.

우리는 오늘날 지구에서 일어나고 있는 기술의 발달을 낙관적인 시선으로 바라보고 있다. 아름다운 고리에서도 비슷한 일이 있었기 때문이다. 물론 지구에서도 똑같은 일이 일어나리라고 장담할 수는 없지만 말이다.

비약적인 기술의 발달로 아름다운 고리가 위기에 빠진 적이 있었다. 그러나 우리는 위기를 극복했고 오히려 그것을 기회로 삼아 아름다운 고리는 평화로운 세상으로 거듭날 수 있었다. 우리는 기술이 만능이 아님을 알고 있기에 기술에 열광하는 지구인에게 작은 불안을 느끼지만, 지구인들도 우리가 그랬던 것처럼 잘 극복해 낼 것이라고 믿는다.

만약 민주주의의 원칙에 따라 다수의 행복을 위해 첨단 기술을 활용할 수 있게 되면 노동은 문화적이고 즐거운 일이 되는 방향으로 나아갈 확률이 높다. 단지 생존하기 위해 돈을 버는 노동이 아니라 아름다운 인생을 누리기 위한 노동이 될 것이다.

아름다운 고리의 이주민들은 이런 노동 시장의 변화를 잘 알고 직업 선택을 해야 한다. 예를 들면 많은 사람이 즐길 수 있는 축제 기획자처럼 사람들과 어울려 놀 수 있는 직업도 좋을 것이다. 또 사람들의 지치고 불안한 마음을 달래고 위로하는 일노 좋다. 그리고 우리가 이미 경험한 AI(인공 지능)를 활용한 게임이나 앱과 같은 콘텐츠를 만들어 보는 것도 좋을 것이다. 위원회 회원 가운데 대작 소설을 써서 영화도 만들고 게임도 만들겠다며 집필을 위해 숲으로 들어간다는 사람도 있다.

물론 이런 변화보다 더욱 중요한 것은 스스로 좋아하는 일을 찾아내고 그것을 즐겁게 하는 것이다. 스스로 좋아하는 일을 찾아내는 것은 시간이 걸린다. 조급해하지 말고 여러 분야에 관심을 두고 실제적인 체험을 통해서 찾아가기를 권한다.

7

직장보다 직업을 선택하라

노동과 직업

직업을 가져야 지구인이 된다는 현실

우리가 정한 일곱 번째 계명 역시 노동에 대한 것이다. 노동은 우리가 지구인이 되는 데 매우 중요한 요소이기 때문이다.

지구에서 살아가기 위해서는 일을 해야 하는데 무슨 일을 하는가에 따라 개인의 삶이 달라진다. 무슨 일을 하는가에 따라 그 사람이 누구인지 결정되기도 한다. 지구인에게 자기소개를 부탁하면 대부분 이름에 더해 자기가 무슨 일을 하고 있는지를 말한다. 직업이나 직장이 곧 자기 자신을 말해 준다는 듯이 말이다.

우리가 지구에서 적절한 신분과 지위를 얻기 위해서, 즉 우리가 진정한 지구인이 되기 위해서는 직업이 중요하다. 직업이 생겨야 생활을 하기 위한 돈을 벌 수 있고, 또한 자연스럽게 지구인들과 어울릴 수 있게 된다.

지구에서 직업이 없는 사람은 대체로 무능력한 사람으로 취급받고 경멸의 대상이 되기 쉽다. 지구인들은 직업에 귀천이 없다고 말하지만 실제로는 직업에 따라 사람들의 시선과 대우가 달라진다.

물론 우리는 여기에 전적으로 동의하지 않는다. 언젠가 죽어야 하는, 그래서 한정된 시간 동안 사는 삶을 온통 노동에 바치는 것은 어리석은 일이다. 노동이나 직업은 살기 위한 하나의 수단일 뿐이다. 그런데도 지구인들은 일(직업)에 집착한다.

그 배경으로 앞에서도 지적했던 것처럼 지구인들이 지나치게 돈을 중시하게 된 것을 들 수 있다. 그렇게 되자 직업 또한 개인의 적성이나 즐거움보다는 돈을 기준으로 삼게 되었다. 그것은 구체적으로 직업보다 직장을 중요하게 생각하는 경향으로 나타났다.

직업에 귀천이 없다는 말이 거짓말이 된 것도 이 때문이다. 개인의 만족도보다 돈을 많이 버는 일이 귀한 것이고 돈을 많이 벌지 못하는 일은 천한 것이 되고 말았다. 그래서 지구인들은 돈을 많이 주는 직장에 다니면 훌륭한 직업을 갖고 있다고 생각한다.

여기서 혼란이 생긴다. 직업과 직장은 엄연히 다른 것이다. 직업은 하는 일이고 직장은 일하는 장소를 가리키는 말이다. 그런데 상당수의 지구인은 이것을 혼동하고 있는 듯하다.

누군가에게 무슨 일을 하는지 물어보면 대체로 "○ ○ 회사에 다니고 있다."고 대답한다. '○ ○ 회사'는 직장이다. 직장은 사장이 아니라면 언젠가는 퇴사하거나 해고를 당하면 떠나야 하는 곳이다.

산업 혁명 이전에 농민은 노동자라고 불리지 않았다. 농민들에게는 생산 수단인 토지가 있었기 때문이다. 농업은 직장이 아닌 직업이었다. 그러나 농민들이 토지를 잃고 공장에서 일하게 되면서 공장이라는 일터, 즉 직장이 생겼다. 그 이후 지구인의 머릿속에서 직업과 직장이 혼동을 일으킨 듯하다.

아름다운 고리의 이주민들은 직장이 아닌 직업을 찾기 바란다. 직장보다 직업을 찾아야 하는 까닭은 일(노동)의 본질적인 의미인 자아실현이라는 측면과 관련이 있다. 자기가 좋아하는 일을 찾아서 그것을 평생 할 직업으로 선택하는 것이 아름다운 지구인으로 살아가는 데 도움이 되기 때문이다.

물론 자기가 좋아한다고 해서 무조건 원하는 직업을 얻을 수 있는 것은 아니다. 그 직업을 얻기 위해 애쓰고 노력해야 한다. 다만 애쓰고 노력할 때 그것이 적성에 맞고 좋아하는 일이라면 참고 견딜 힘이 생긴다.

힘들어도 웃어야 하는 노동

무엇보다 자기 자신이 만족할 수 있어야 훌륭한 직업이다. 물론 그 직업을 통해 돈을 많이 벌면 더 좋다. 그런데 지구인들도 서로 일자리를 다투고 있는 것이 현실이다. 게다가 지구에서는 직업에 변화가 일어나고 있다.

우리가 조사한 노동 형태의 큰 변화는 감정 노동과 플랫폼 노동이다. 이 두 가지 새로운 노동은 기술의 발전으로 인해 생겨난 것으로, 앞으로 심해지거나 확장될 것이다. 지구인들뿐 아니라 우리 역시 이것에 대해 잘 알아 두어야 한다. 먼저 감정 노동에 대해 살펴보자.

흔히 지구에서 근대라고 부르는 시대에 지구인들은 인간의 주인이 이성이라고 생각하는 경향이 있었다. 어려운 일이 닥쳤을 때 지구인들이 자주 내뱉는 "이성적으로 생각해."라는 말도 이런 생각에서 나왔다. 이성은 논리나 추리, 사고, 글(문자), 숫자, 과학 등과 관련이 있다. 그래서 근대의 지구인들은 예쁘게 옷을 입거나 화려하게 꾸미는 것보다 이성을 바탕으로 한 생각, 두툼한 책, 엄밀한 논리 등을 더 좋아했다. 심지어 아름다운 미녀나 멋진 남자의 기준도 오늘날과 달랐다.

그러나 현대는 감정을 중요하게 여기는 시대로 변했다. 영국의 철학자 데이비드 흄(1711~1776)은 "이성은 감정의 노예"라고 말하기도 했다. 이렇게 감정이 시대의 주인공이 되자 노동에도 감정이 스며들기 시작했다.

고대 지구의 인류는 대체로 육체를 활용해서 노동했다. 농사, 사냥, 채집 등 인류의 노동은 주로 육체를 이용한 것이었다. 그러다가 문자가 발명되고 언어가 정교해지면서 이른바 머리를 쓰는 노동이 세상에 나타났다. 그리고 훗날 '블루칼라'와 '화이트칼라'라는 말이 생겼다.

블루칼라는 주로 현장에서 육체를 활용해 노동을 하는 사람들을 가리키는 말이다. 이들이 청색 옷을 많이 입었기 때문에 블루칼라라고 불렀다. 한편 화이트칼라는 육체노동보다는 사무와 같은 정신노동을 하는 사람들을 가리키는 말이다. 이들은 흰색 옷을 많이 입었기에 화이트칼라라는 이름이 붙었다.

최근 블루칼라와 화이트칼라 사이에 '그레이칼라'라는 부류가 생겼다. 그레이칼라는 과학 기술이 발달하자 블루칼라와 화이트칼라의 중간에 속하는 일들이 생기면서 만들어진 말이다. 즉, 생산 현장에서 일하지만 화이트칼라의 속성을 지닌 일을 하는 사람들을 가리킨다.

그레이칼라는 회색이라는 뜻이 의미하듯이 블루칼라나 화이트칼라로 구분할 수 없는 사람들을 가리킨다. 20세기에 들어서 지구의 중심 산업이 된 상업과 서비스업에 더해 기술이 발달하면서 점점 그레이칼라에 해당하는 노동이 증가하는 추세이다.

특히 서비스업의 확대는 노동과 직업의 세계를 크게 바꾸어 놓았다. 농업과 공업의 경우는 대체로 자기에게 주어진 일을 근면하고 성실하게 처리하면 되지만, 서비스업은 땅이나 기계가 아니라 다른 사람을 상대로 해야 하는 일이다. 그런 서비스업이 다양하게 늘어났고, 이 과정에서 생겨난 것 가운데 하나가 감정 노동이다.

감정 노동은 육체도 사용하고 정신도 사용하지만, 감정 소모가 심하게 일어나는 일을 가리킨다. 이제 인류의 감정까지 노동에 활용되기 시작한 것이다.

감정 노동이라는 말은 미국의 학자인 앨리 러셀 혹실드(1940~)가 만든 것으로, 그에 따르면 "급여에 대한 대가로 이뤄지는 행위로 외적으로 관찰 가능한 표정과 몸짓을 만들기 위해 근로자가 자기의 감정을 조절하는 것"이라고 정의된다.

그러니까 돈을 벌기 위해 육체나 정신에 더해 감정까지 조절해서 노동하는 것을 의미한다. 쉽게 말해서 최근 지구에서 자주 논의되는 갑질, 즉 힘을 가진 사람(상사나 고객 등)의 괴롭힘을 받을 때 억울함이나 불쾌함을 숨기는 일도 감정 노동이다.

감정 노동이 가장 심한 현장은 고객과 마주하는 직업을 가진 사람이 일하는 곳이다. 감정 노동의 강도가 심한 직업을 살펴보면 항공기 객실 승무원이 가장 높고, 물건을 파는 판촉원이나 음식 서비스를 하는 사람들, 고객을 상담하는 상담원, 미용사 등이 그 뒤를 잇는다.

변화하는 감정 노동

감정 노동은 대개 외부 고객을 상대로 하며 지나친 고객의 요구에도 웃음으로 대하는 노동이다. 고객이 도를 넘는 언행을 해도 억울함과 분노를 참고 억지로 웃으며 대하다 보면 심한 스트레스를 받아 정신과 육체에 병이 생기기도 한다.

옛날에 감정 노동은 일부 직업에서 이루어졌지만, 최근에는 고객을 상대로 하는 전체 서비스 산업으로 확산되고 있다. 더욱 심각한 것은 외부 고객뿐 아니라 내부의 상사나 동료까지 감정 노동을 강요하는 경우가 있다는 것이다.

그 대표적인 사례는 성희롱과 욕설이다. 성희롱과 욕설은 일부 지역에 국한된 것이 아니라 지구 전체에서 일어나고 있고, 그로 인한 피해와 문제 제기도 잇달아 생기며 짙은 갈등의 그림자를 드리우고 있다.

왜 이런 일이 벌어지고 있을까?

감정 노동을 일으키는 주요 배경은 조직 생활과 인간관계이다. 이것은 모두 사람들이 모여서 일을 하게 되면서 생겨난 현상이다. 사람들이 모여서 일을 하게 된 것은 아주 오래된 일인데 왜 현대에 들어 문제가 된 걸까?

지구의 인류는 신석기 시대 이후 농사를 짓게 되면서 함께 모여 살기 시작했다. 집단생활을 시작한 것은 산업의 효율성을 높이기 위해서였다. 백지장도 맞들면 낫다고 했다. 그러나 집단생활은 한편으로 여러 갈등과 분쟁을 일으켰다. 서로 다른 개인과 집단이 함께 삶을 유지해야 했기에 갈등과 분쟁은 불가피한 것이기도 했다.

문화는 이런 갈등과 분쟁을 줄이기 위해 만들어진 것이다. 특히 신에 대한 감사 제의나 축제 같은 것이 주도적인 역할을 했다. 음식을 나누고 놀이를 해야 하는 이유를 신에게서 찾은 것이다. 그리고 신의 권위를 빌려서 사람들 사이의 갈등과 분쟁을 조정했다. 친구 사이인 A와 B가 서로 싸웠을 때 다른 친구나 선생님이 중간에 끼어 두 사람이 화해를 할 수 있게 도와주는 것처럼, 사람들 사이의 갈등과 분쟁을 신 또는 신의 이름으로 중재했다는 말이다.

그런데 오늘날 그 중재하는 힘이 사라졌다. 축제와 놀이도 크게 약해졌다. 축제나 놀이를 통해 서로 어울리지 않으니 옆집에 누가 사는지도 모르게 되었고 사회는 믿음을 크게 잃었다. 축제와 놀이 등은 경제적인 측면에서 보자면 먹고 마시는 낭비에 불과하다. 과거 갈등과 분쟁을 줄이는 역할을 했던 문화적인 요소들이 그런 이유로 점점 뒷전으로 밀려났다.

그렇게 서로에 대한 믿음이 없어지고 경제적 관계만이 남아서 이제는 인간이나 인간의 감정마저 상품으로 여기게 되었다. 이 과정에서 감정 노동이 발생했고 점점 심각해지고 있다.

우리는 이런 지구인들의 모습을 보면서 슬프기도 하고 안타깝기도 했다. 그러나 역사를 보면 지구의 인류는 어려운 일이 닥칠 때마다 슬기롭게 해결해 왔다. 우리가 아름다운 고리에서 그랬던 것처럼 말이다.

그런 측면에서 앞으로 감정 노동의 고통을 치유하는 직업이 많이 생겨날 것으로 보인다. 아름다운 고리의 이주민들 가운데 지구인의 고통을 치유하는 직업을 갖는 사람들이 생기면 좋겠다.

플랫폼 비즈니스

감정 노동에 더해서 현대에 새로이 등장한 노동 형태가 '플랫폼 노동'이다. 플랫폼 노동을 살펴보기 전에 먼저 플랫폼 비즈니스에 대해 알아야 한다.

플랫폼은 원래 기차를 타고 내리는 정거장을 가리키는 말이다. 플랫폼에서 기차를 타면 어디든 갈 수 있다. 플랫폼은 사람들이 모이는 곳이기에 신문이나 잡지, 음료 등을 파는 편의 시설이 있고, 플랫폼 주변은 흔히 역세권이라고 불리며 상가 등이 자리하고 있다. 이 때문에 플랫폼은 그 도시나 지역의 중심지가 된다.

플랫폼이 중요한 것은 사람들이 모인다는 점 때문이다. 사람들이 모이는 곳에 상점을 비롯한 상업 시설이 들어서는 것은 당연하다. 물건을 팔기 위해서는 물건을 살 사람에게 최대한 가까이 다가가야 하는 게 상식이다.

그런데 인터넷의 발달로 오프라인보다 온라인이 중심이 되면서 플랫폼에 변화가 일어났다. 실제 장소보다 사이버 공간에 더 많은 사람이 모여들기 때문이다. 따라서 과거에는 거리에 상점을 열었지만, 이제는 사이버 공간에 상점을 열고 있다. 옛날에 기차 정거장이었던 플랫폼이 오늘날에는 인터넷으로 바뀐 것이다.

앞에서 살펴보았듯 플랫폼은 기차를 타고 다른 지역으로 이동하기 위한 공간이었다. 즉, 플랫폼은 지역을 연결하는 힘을 갖고 있었다. 그 힘을 활용한 산업이 플랫폼 비즈니스다.

대표적인 사례가 우버 택시나 에어비앤비 같은 기업이다. 우버 택시는 스스로 택시를 보유하고 있지 않고 에어비앤비 역시 방을 하나도 갖고 있지 않다. 이들은 온라인을 활용해서 고객과 택시를 연결하거나 고객과 숙박할 방을 연결하는 것으로 돈을 벌어들인다.

플랫폼 비즈니스는 쉽게 말해서 생산자와 소비자를 연결하는 힘을 통해 수익을 만들어 내는데, 과거와 다른 점은 온라인을 활용한다는 것이다.

또 하나 고려해야 할 것은 '빅데이터'라고 불리는 기술의 발달로 사람들이 선호하는 흐름을 파악할 수 있게 되었다는 점이다. 옛날에는 막연히 사람들이 필요로 하는 것을 찾아야 했지만, 이제는 사람들이 인터넷에 남긴 흔적을 통해 그들이 원

'Nike+iPod 스포츠 키트' 사물에 인터넷이 연결되어 있는 사물인터넷을 통해 더 많은 빅데이터가 생겨나고 수집된다. 사물 인터넷 기술을 적용해 나이키와 아이팟이 합작하여 개발한 이 제품은 사용자들의 움직임을 아이팟에서 자동으로 동기화해 기록한다.

하는 것이 무엇인지를 정확하게 알아낼 수 있게 되었다.

오늘날 플랫폼 비즈니스는 다양하다. 애플의 앱스토어나 구글 플레이스토어도 여기에 해당한다. 이미 이름에 가게라는 의미인 '스토어'(store)가 들어 있다. 즉, 온라인에 만든 가게이다. 음식을 배달하는 '앱'(애플리케이션)도 마찬가지이다.

플랫폼 비즈니스는 경쟁 상대인 기존의 오프라인을 기반으로 한 택시나 숙박업체를 비롯해 오프라인 상점 등과 갈등이 생길 수밖에 없다.

여기서 한 가지 잊지 말아야 할 것은 기술이 인류의 행복에 기여해야 한다는 것이다. 많은 사람을 고통에 빠뜨리는 것은 그 기술이 아무리 뛰어나다고 해도 참된 기술이 아니다.

플랫폼 노동

플랫폼 비즈니스가 활성화되면 노동도 변할 수밖에 없다. 19세기 산업 혁명 때도 그랬고 20세기 소비자의 시대에도 그랬다. 19세기에는 많은 농민이 노동자가 되었고 20세기에는 많은 노동자가 서비스업에 종사하는 사람이 되었다.

이제 플랫폼 비즈니스가 산업의 중심이 되면 노동에도 변화가 생길 수밖에 없다.

음식을 예로 들어 보자. 과거에는 음식을 먹기 위해 식당을 직접 찾아가야 했다. 그러다가 전화로 주문을 하면 음식이 집으로 배달되었다. 그런데 최근에는 스마트폰의 앱을 누르면, 즉 음식점 주인과 대면하거나 전화로 말을 주고받지 않아도 음식을 먹을 수 있게 되었다.

위에서 말한 앱과 관련된 노동이 플랫폼 노동이다. 가만히 들여다보면 음식을 만들어 파는 음식점 주인의 노동은 과거와 달라진 것이 없다. 여기에 음식점과 소비자를 연결하는 앱이 플랫폼 역할을 한다. 즉, 플랫폼을 통해서 음식과 돈이 이동한다.

여기서 새로운 노동이 생겨난다. 앱이라는 플랫폼을 통한 배달 노동이다. 비슷한 것으로 앱을 이용한 대리 기사도 플랫폼 노동자이다. 플랫폼 노동자들은 분명 이전과 같이 배달이나 대리운전 등의 노동을 하지만 어느 하나의 사업장에 소속된 노동자가 아니기 때문에 노동법에 따른 보호를 받지 못한다.

더 나아가 유튜브와 같은 인터넷 동영상 채널, 물류 센터, 대형 마트 등도 플랫폼의 역할을 한다. 그래서 유튜버나 택배 기사, 마트 납품업자도 플랫폼 노동자의 범주에 포함된다.

이 플랫폼 노동은 과거에 없던 것이며 기술의 발달과 함께 계속 늘어나는 추세이다. 그리고 그만큼 기존의 노동을 대체하게 될 것이다. 그것은 많은 서비스 산업에 종사하는 오늘날의 직장인들이 플랫폼 노동으로 옮겨 가게 된다는 뜻이다.

플랫폼 노동의 가장 큰 특징은 정해진 임금 대신에 능력에 따라 수입이 달라진다는 점이다. 직장에서 일하거나 아르바이트를 하면 월급이나 주급 식으로 정해진 날짜에 임금을 받았지만, 이제는 일한 만큼 돈을 받게 된다. 플랫폼 노동자는 플랫폼 기업과의 계약에 따라 노동을 제공한다. 그래서 임금 노동자도 아니고 개인 사업자도 아닌 새로운 형태의 노동자가 된다.

이때 힘과 권리를 갖는 쪽은 플랫폼을 지배하는 개인이나 기업이다. 이 또한 여러 문제를 포함하고 있다. 플랫폼이 절대적 강자가 되기 때문에 그 아래에서 일하는 사람들은 플랫폼에 종속될 수밖에 없는 것이다.

과거 노동자들은 노동조합 등을 통해 불평등과 불이익에 저항할 수 있었지만, 플랫폼 노동자는 함께 모이기가 쉽지 않아서 불평등과 불이익에 대해 자기의 목소리를 내기 힘들다.

플랫폼 노동도 감정 노동처럼 앞으로 크게 증가할 것이다. 기술의 발달과 사회의 변화가 그 방향으로 흘러가고 있기 때

문이다. 플랫폼 노동이 선하게 작동하면 일하고 싶을 때 일하
는 자유로운 환경이 만들어질 수도 있다. 문제는 늘 기술이 선
하게 움직이지 않는다는 점이다. 그러니 기술을 가진 자들이
인간을 도구로 소모하지 않는지 늘 주시해야 한다.

미래의 노동과 복지

아름다운 고리의 이주민들 가운데 기업을 세우려는 사람도
있지만 대부분은 보통의 지구인들처럼 살고 싶어 한다. 동네
에서 작은 빵집이나 카페를 운영하거나 농촌으로 가서 농사를
짓고 꽃이나 나무를 키우고 싶어 하는 이주민들이 많다.

빵집이나 카페를 운영하려는 이주민들은 빵과 커피의 향기
가 너무 좋아서 그 일을 하고 싶다고 밝혔다. 농사를 짓겠다는
이주민들은 미래 지구에서 가장 유망한 직종 가운데 하나가
농업이라는 이유 때문이라고 한다. 농업의 전망이 좋다는 것
은 지구의 학자들과 기업인들이 끊임없이 주장하고 있다.

지구정착위원회는 이주민들이 원하는 것을 최대한 이룰 수
있도록 돕고 있다. 우리가 도울 수 있는 것은 아름다운 고리의
이주민들과 지구인들이 함께 협동조합과 같은 사회적 공동체
를 만드는 것과 지속적인 재교육이다.

우리는 아름다운 고리에서 사회적 공동체를 크게 발전시켰

다. 그 경험을 살려 지구인들도 믿음을 기초로 해서 서로 돕고 함께 어울려 살기를 원한다. 그를 통해 아름다운 고리의 이주민들이 자연스럽게 지구인들과 함께 살 수 있게 될 것이다. 동네에서 작은 축제를 열어 사람들과 얼굴을 익히고 친해지면 서로 도울 수도 있고 어려운 일을 함께 극복할 수도 있을 것이다. 지구정착위원회는 이를 전폭적으로 지원을 할 생각이다.

또 감정 노동과 플랫폼 노동에서 보았듯이 세상은 매우 빠르게 변화하고 있다. 많은 지구인은 그 변화 속도를 따라잡지 못하고 있다. 그래서 필요한 것이 끊임없는 재교육이다.

우리는 가장 좋은 복지는 교육이라고 생각한다. 교육을 통해 세상을 이해하고 변화하는 세상에 대해 알아야 노동하는 인간에서 벗어나 진짜 자기 삶을 누리는 지구인이 될 수 있다고 믿기 때문이다.

그리고 우리가 앞장서서 협동조합이나 사회적 공동체와 같은 선한 플랫폼을 구축하고 그를 통해 플랫폼 노동과 감정 노동이 유발하는 부정적인 노동 형태를 개선하는 일을 하면 좋겠다.

경제생활 십계명

8

물건의 주인이 되어라

소비

소비와 쇼핑 중독

우리가 정한 여덟 번째 계명은 소비에 대한 것이다. 오늘날의 지구는 물건이 넘쳐나고 있다. 처음 지구로 이주해 왔을때 지구의 대도시를 방문한 아름다운 고리의 이주민들은 화려한 물건에 눈길을 빼앗겼다. 어떤 이주민은 쇼핑 중독에 빠져 집 안을 온통 물건으로 가득 채우기도 했다. 우리가 경제생활 십계명을 이렇게 정한 것도 인터넷이나 홈 쇼핑에서 홀린 듯이 물건을 탐내는 지구인들의 모습에서 충격을 받았기 때문이다.

우리는 아름다운 고리의 이주민들도 소비에 익숙하지 않기 때문에 자칫 지구인들처럼 쇼핑 중독에 빠질 위험이 있다고 판단했다. 지구에서도 생활에 필요한 물건을 사는 것은 당연한 일이지만 지나치게 물건을 많이 사들이는 것은 질병으로 여긴다.

사실 지구에는 훌륭한 물건이 많고 곳곳에 우리를 유혹하는 광고와 이미지가 많아서 자칫 물건에 욕심을 내기 쉽다. 그렇다고 무조건 물건을 탐내지 말라는 것은 아니다. 필요한 물건을 활용하고 물질이 주는 즐거움을 누리는 것은 좋지만 물건이나 물질에 집착해서 소중한 인생과 행복을 낭비하지는 말아야 한다.

이렇게 돈이나 시간을 주고 물건을 사는 것을 지구에서는 소비라고 부른다. 소비라는 말은 '써서 없앤다'는 뜻이다. 써서 없앨 수 있는 것에는 돈이나 물건뿐만 아니라 시간, 노력 등도 있다. 사람들은 돈도 시간도 '쓴다'고 표현한다.

사람들이 소비를 하는 것은 자기가 원하는 것을 얻기 위해서이다. 좀 그럴듯하게 말하면 욕구를 충족시키기 위해 물자나 용역(서비스)을 이용하거나 소모한다.

욕망하는 것, 즉 원하는 것을 얻기 위해서는 그것이 돈이든 노력이든 무엇인가를 써야 한다. 다른 말로 무엇인가를 얻기 위해서는 다른 무엇인가를 내주어야 한다는 교환의 법칙이 여기서도 작용하고 있다. 세상에 공짜는 없으니까.

소비의 두 모습

소비는 크게 둘로 나뉜다. 생산적인 소비와 비생산적인 소비가 그것이다. 생산적인 소비는 생존과 생활을 위해 음식을 사서 먹는 것이나 자동차와 냉장고 같은 물건을 생산하는 데 필요한 소비, 그리고 이것들을 사서 쓰는 것 등이 모두 포함된다. 우리가 일상생활에서 물건을 사는 것은 대체로 생산적인 소비에 속하고 이는 생활 경제의 주축을 이룬다.

생산적인 소비는 상품의 생산과 판매를 촉진하는 역할을 한다. 생산적인 소비가 원활하게 잘 이루어지기 위해서는 상품을 만드는 공장이나 자본을 제공하는 자본가, 상품을 만드는 노동자, 만들어진 상품을 구매하는 소비자가 필요하다. 이를 통해 자본가는 이익을 얻고 소비자는 상품을, 노동자는 임금을 얻는다.

이 과정이 매끄럽게 잘 진행되면 경제가 잘 돌아간다고 표현한다. 임금이 상승하고 새로운 투자를 받아 더 좋은 물건을 만들어 내면 그로 인해 소비자는 편리하게 물건을 손에 넣을 수 있게 되어 모두에게 이익이기 때문이다.

그러나 자본이나 노동자가 부족해 필요한 물건을 만들어 내지 못하거나 소비자들이 돈이 없어서 물건을 사지 못하면 경제가 삐걱거리기 시작한다.

생산적인 소비는 경제생활의 토대가 되는 물질생활과 밀접한 관련을 맺고 있다. 필요한 물건을 사는 것과 그 물건을 사기 위해 일을 해서 돈을 버는 과정이 모두 이 안에 포함되어 있기 때문이다. 다르게 표현하면 돈과 물건의 교환이 일어나는 과정이다.

한편 비생산적인 소비는 소비 자체가 목적인 경우를 가리킨다. 비생산적 소비에 속하는 것은 축제, 스포츠, 예술, 사치, 기념물 건립, 전쟁 등이 있다. 축제나 스포츠는 준비하는 데 돈이 들지만, 축제나 스포츠를 했다고 해서 물건이 생기지는 않는다. 오히려 소비보다 낭비라는 생각이 들 정도로 많은 돈이 들어간다. 기념물을 건립한다고 해서 그 대가로 경제적인 것을 얻을 수 없다.

그러나 비생산적 소비는 꾸준하게 이루어지고 있다. 축제의 성격을 지닌 스포츠나 예술 분야가 그것이다. 그렇다면 겉으로 보기에 이익이 생기지 않는 이런 비생산적 소비가 활발한 것은 무엇 때문일까? 그것은 인간이 기계가 아니기 때문이다. 인간은 육체만 있는 좀비가 아니다. 생활 속에서 쌓이는 스트레스나 사회에서의 갈등에 의한 분노와 같은 부정적인 감정을 털어 내지 않으면 육체적인 병으로 이어지기 쉽다.

이런 것들을 없애기 위해 필요한 것이 비생산적인 소비이다. 실컷 놀고 나면 몸과 마음 모두 건강해진 느낌을 받는다. 그런데 얻는 것이 있으면 주는 것도 있어야 한다. 그래서 축제나 스포츠 등에 돈이 들어간다. 다르게 말하면 돈을 낭비하면 몸과 마음에 쌓여 있는 스트레스와 부정적인 감정들도 소비되어 사라진다. 이러한 비생산적 소비는 인류의 경제생활을 넘어 행복과 밀접한 관련이 있어서 인류의 삶을 다루는 인류학의 주요한 주제이다.

한 가지 아쉬운 점은 스포츠나 예술이 산업과 만나 본래의 문화적인 성격보다 경제적인 측면이 강조되고 있다는 점이다.

최근에 사람들의 관심이 생산적인 소비에만 집중되면서 경제적으로는 풍족해졌지만 문화적으로는 빈약해지고, 그로 인해 사회 내에 스트레스와 부정적인 감정들이 증가하고 있다. 지구 곳곳에서 갈등으로 인한 다툼이 늘고 사람들 사이의 믿음이 약해지는 것도 이 때문이다. 따라서 비생산적인 소비에 좀 더 관심을 가지고 경제와 문화의 균형을 맞출 필요가 있다.

소비자와 베짱이

지구에는 "소비자가 왕이다."라는 말이 있다. 그래서 심심찮게 물건을 사러 가서 왕처럼 대접해 주지 않는다고 화를 내거나 짜증을 내는 상황이 벌어진다. 그러나 이 말이 생긴 유래를 살펴보면 소비자를 왕처럼 대우하겠다기보다는 왕처럼 물건을 아낌없이 많이 사라는 의미에 가깝다. 또는 왕처럼 물건을 많이 사게 만들겠다는 뜻이기도 하다.

이런 말이 생긴 것은 생산의 시대에서 소비의 시대로 바뀌었기 때문이다. 그러니까 이것은 산업 혁명을 통해 상품의 대량 생산이 가능해지자 물건을 만드는 것보다 어떻게 팔 것인지가 더 중요해지면서 생겨난 말이다.

소비의 시대에서 가장 중요한 것은 물건을 파는 것이다. 소비의 시대를 한마디로 표현한다면 이렇다.

"이 물건을 사라!"

소비자가 왕이라는 말부터 시작해서 수없이 쏟아지는 광고, 심지어 상업 영화도 모두 이 한마디로 압축된다.

산업 혁명 이전까지 지구인들의 머릿속에는 '소비＝악덕'이라는 생각이 자리하고 있었다. 당시에 소비는 낭비나 탕진과 같은 말이었다. 심지어 낭비나 탕진은 지옥에 가는 이유 가운데 하나이기도 했다. 오늘날 '탕진잼'(탕진하는 재미)을 즐기는 사람들이 과거에 살았다면 지옥행 열차에 탑승한 셈이다.

산업 혁명 이전까지 권장되었던 미덕은 근검과 절약이었다. 악덕이었던 소비가 오늘날 미덕으로 바뀌게 된 것은 사회가 바뀌었기 때문이다.

산업 혁명 이전, 사람들이 주로 농사를 지을 때는 물자가 귀했다. 또 농사는 사람들이 땀을 많이 흘릴수록 풍년이 들 가능성이 높았기 때문에 새벽 별을 보면서 일을 시작해 해가 저물 때까지 일했다. 농경 시대의 미덕은 이런 근면함과 성실함이었다.

다만 농경 사회에서는 아무리 근면하고 성실하게 일을 해도 물자를 풍부하게 생산할 수 없었다. 의식주를 비롯한 생활필수품들은 직접 생산해야 했다. 옷감도 귀했고 먹을 것도 다양하지 않았다.

여기에 결정적인 역할을 한 것이 윤리였다. 절약하고 근검한 것이 미덕이라는 생각을 뒷받침한 것이 서양에서는 프로테스탄트 윤리였고 동양에서는 유학이었다.

프로테스탄트는 서양에서 16세기부터 시작된 종교 개혁을 통해 새롭게 종교적 힘을 얻은 개신교를 가리킨다. 개신교를 이끌던 지도자 가운데 하나였던 칼뱅(1509~1564)은 훗날 천국에 갈 사람들이 이미 정해져 있지만 그것이 누구인지는 모른다는 흥미로운 주장을 펼쳤다. 사람들은 스스로 자기가 천국에 갈 수 있는 선택 받은 사람임을 증명해야 했다. 그래서 정해진 윤리를 지켜야 했는데 그 대표적인 것이 근검과 절약이었다. 사람들은 소비를 악덕이라 여겨 아끼고 또 아끼며 살았다.

이렇게 열심히 일하고 쓰지 않으면 돈이 모이기 마련이다. 그렇게 쌓인 자본이 오늘날의 자본주의를 만들었다는 것이 사회학의 아버지로 꼽히는 막스 베버(1864~1920)의 주장이다. 물론 자본주의의 탄생에 크게 공헌한 것은 따로 있지만 이러한 프로테스탄트 윤리는 사회를 바꾸는 큰 힘으로 작용했다.

그런데 산업 혁명으로 사회가 변하면서 주요 산업이 농업에서 공업으로 바뀌었고 이 과정에서 상품이 대량 생산되기 시작했다. 그러나 사람들은 여전히 근면했고 검소했고 절약했다. 사람들의 생각을 바꾸지 않으면 아무리 상품을 잘 만들고 많이 만들어도 팔리지 않을 터였다. 소비는 악덕이 아니라 미덕이라고 생각하게 만들어야 했다.

자유롭게 소비하며 자기가 좋아하는 것에 몰두하는 베짱이의 시대가 되었지만, 여전히 사람들은 겨울을 대비한다는 이유로 죽어라 일하고 양식을 모아 놓는 데 급급한 개미처럼 살았다. 개미는 겨울에 먹을 양식을 준비하느라 봄부터 가을까지 쉬지 않고 열심히 일한다. 반면, 베짱이는 자기가 좋아하는 음악을 즐기면서 만든 노래 하나가 히트하면 평생 먹을 것이 생긴다. 이런 점에서 볼 때, 『이솝 우화』 속 개미와 베짱이는 오늘날 처지가 뒤바뀌었다. 개미는 근대의 미덕을 대표하고 베짱이는 현대의 미덕을 대표한다.

아름다운 고리의 주민들은 지구에서 유명한 '개미와 베짱이' 이야기를 읽고 개미처럼 살라는 교훈을 보면서 크게 웃었다. 우리가 살았던 아름다운 고리에서도 그랬지만 오늘날의 지구에서도 자기가 하고 싶은 일을 하면서 즐겁게 사는 것이 미덕이 되었다.

다만 현대에는 풍요롭게 물건을 소비하는 것을 넘어 급속도로 소비 위주의 생활로 바뀌면서 여러 문제가 발생했다. 과연 지구의 인류는 어떻게 소비자가 되었고 그 과정에서 어떤 문제가 생겼을까?

소비자의 탄생

　산업 혁명의 중심지는 유럽에 속한 영국이었다. 그러나 20세기에 소비를 이끌고 소비자의 시대를 연 것은 아메리카 대륙에 자리 잡은 미국이었다.

　산업 혁명 이전까지 왕족이나 귀족을 제외한 대부분의 사람들은 오랫동안 소비가 악덕이라고 여기며 살았기 때문에 소비 생활 또는 소비자라는 말이 없었다. 왕족이나 귀족 등의 화려한 씀씀이는 소비가 아니라 사치라고 불렀다.

　20세기 이전까지 대체로 사람들은 공장에서 생산된 많은 상품을 사치품이라고 생각했다. 물건을 팔아야 하는 쪽에서는 이 생각을 바꾸어야 했다. 쉽게 말해서 요즘에는 냉장고나 세탁기를 사치품이라고 생각하는 사람이 없지만 처음 나왔을 때는 고가의 사치품이었다. 물건을 파는 쪽에서는 이것을 생활 필수품이라고 생각하게 만들어야 했다.

　이런 인식의 변화를 위해서 여러 가지 방법들이 고안되었다. 크게 분류하면 네 가지 방법이었다. 마케팅과 광고, 주요한 사회 기관의 재편, 가치의 변화, 시간과 공간과 계급의 재구성이 그것이다.

　첫째는 오늘날에도 활발하게 이루어지고 있는 마케팅과 광고이다. 19세기까지 사람들은 광고가 마술사의 속임수와 같다고 생각했다. 교묘한 트릭을 이용해 사람들을 속이고 물건을

타임스 스퀘어의 모습 미국 뉴욕 맨해튼에 있는 전 세계적으로 유명한 상업적 교차로인 타임스 스퀘어는 현란한 간판들로 가득하다.

팔려 한다고 생각했다.

그러나 20세기에 들어서 광고는 봄에 꽃망울을 터뜨리는 꽃처럼 활짝 피어났다. 광고를 할 수 있는 매체도 다양해졌다. 기존의 신문에 더해 네온사인, 간판, 벽보 등이 활용되었다. 그리고 대중들에게 친숙한 연예인을 등장시켜 사람들의 믿음을 얻으려고 했다. 시간이 지나면서 마케팅과 광고는 더 세련된 모습으로 바뀌었다.

이런 과정에서 태어난 것이 유행이었다. 옷을 비롯해 생활에서 쓰는 상품은 '필요한 것'에서 개인이나 가족의 '스타일'을 나타내는 것으로 변화했다. 사람들은 물건을 쓰임새나 필요에 따라 사기도 했지만 이제 물건 자체에 대한 욕망 때문에 사기 시작했다.

20세기 초반에 패션쇼가 열리기 시작했고 패션 잡지가 많이 생겨났으며 연예 산업이 크게 성장한 배경에는 소비 욕구를 높이려 유행을 만들어 낸 것도 있다.

둘째는 소비 중심으로 사회 기관이 재편된 것이다. 사회 기관이란 대학이나 박물관, 국가 기관 등을 가리킨다. 소비와 관련해서 이들이 맡은 역할은 소비자와 상품 사이에 있는 벽을 허무는 것이었다.

대학이 1900년까지는 실용 기술을 개발하고 확대하는 등 상품의 생산에 초점을 맞추었다면, 20세기에 들어서는 상품 디자인과 마케팅 등으로 영역을 확대했다. 1920년대에 이미 경영 대학원이 출현했다. 이후 대학은 상품의 소비를 위한 연구, 소비자 양성 등의 역할을 맡아 왔다. 심지어 오늘날에는 취업을 위해 거쳐야 하는 과정 같은 곳으로 전락했다는 비난까지 받는 실정이다.

박물관이나 미술관 같은 사회 기관은 특히 패션과 의복의 유행에 큰 영향을 미쳤다. 박물관은 "디자인 발전에 가장 혁신적인 영향을 끼친 기관"이라는 평가도 있다. 박물관과 미술관은 지속적인 전시를 통해서 외국의 여러 문화를 알리고 교육해서 사람들의 생활을 다양하고 예술적인 것으로 바꾸었다.

국가 기관은 도로나 철도의 건설과 같은 사회 기반 시설을 확충하여 사람들의 주거 공간을 넓힘으로써 자동차 산업과 건설업 등이 발달할 수 있게 했다. 또 주기적으로 인구 통계나 생활 실태를 조사하여 상품 판매에 활용될 수 있도록 했다. 이 밖에도 국가의 활약은 엄청났다.

자동차 산업만 예로 들어도, 1920년대에 미국은 국가의 도로 건설에 힘입어 자동차 산업이 큰 호황을 누렸다. 자동차가 생기자 사람들은 여가 활동으로 여행을 즐기기 시작했고 좁고 답답한 도심이 아닌 자연이 아름다운 도시 변두리에 지은 집에서 출퇴근을 할 수 있게 되었다. 그에 발맞춰 대형 마트도 시 외곽에 생겨났다.

셋째는 소비에 대한 가치관의 변화이다. 소비를 악덕이라고 생각했던 사람들은 이제 '상품'(goods)을 소비하는 것이 '선'(good)을 추구하는 것이라고 여기게 되었다. 근검하고 절약하기보다 정기적으로 휴가를 떠나고 즐기며 사는 것이 좋다고 생각하게 되었다. 그 과정에서 상품은 가치의 중심으로 변화해 갔다.

예를 들면 옷은 추위나 비바람을 막아 주는 기능보다는 신분이나 지위를 나타내는 것으로, 술은 우정을 위한 것으로, 보험은 가족에 대한 책임과 애정을 의미하는 것으로 생각이 바뀌었다. 상품은 사람들에게 만족감을 주는 것이자, 자기를 표현하는 주요한 수단이 되었다.

넷째로, 소비에 대한 욕망이 자라나면서 그에 발맞춰 시간

포드 자동차의 조립 라인(1913년) 포드사의 창업자 헨리 포드(1863~1947)는 자동차 산업에 대량 생산 방식을 도입해 1920년대 초반까지 미국의 자동차 시장을 지배했다. 이동식 조립 라인 덕분에 자동차의 대중화 시대가 열렸다.

과 공간, 그리고 계급의 재구성이 시작되었다.

시간을 예로 들어 보자. 이전에 없던 축제나 기념일이 새로 생기거나, 예전부터 있었지만 오늘에 와서 물건을 소비하는 날로 성격이 바뀌기도 했다. 구체적으로 밸런타인데이와 같은 날을 들 수 있다.

밸런타인데이는 원래 성인을 추모하기 위한 날이었는데 연인들이 선물을 주고받는 날로 바뀌었다. 이날 세계적으로 엄청난 양의 초콜릿과 물건이 팔려 나간다. 크리스마스는 축제와 기념일의 결정판이라고 할 수 있다. 인류의 스승 중 하나인 예수의 탄생일이지만 마케팅의 영향으로 물건을 대량으로 소비하는 날로 바뀌었다. 이 밖에도 어버이날, 어린이날을 비롯해 수많은 축제와 기념일이 달력에 모습을 드러냈다. 심지어 모양이 비슷하다는 이유로 한국에서 11월 11일은 특정한 과자의 날이 되기도 했다.

한편 상품 소비 확대를 위해 계급도 재구성되었다. 이제는 소비를 유도하기 위해 계층과 소득, 성, 나이 등을 세분화해서 그에 맞는 소비 패턴을 제시한다. 그 가운데 가장 눈에 띄는 것은 어린이를 미래의 고객으로 삼아서 소비자로 만든 것이다.

산타클로스와 어린이 소비자

산업 혁명이 가장 먼저 일어난 영국에서는 19세기까지도 많은 어린이가 노동에 종사했다. 어린이들은 여성과 마찬가지로 임금이 쌌기 때문에 공장에서 어린이를 활용했다.

그러나 1833년에는 하루 8시간, 일주일에 6일 이상 일을 시킬 수 없다는 법이 만들어지고, 1842년에는 10세 이하의 어린이를 고용해 광산에서 일 시키는 것을 금지하는 법이 만들어졌다. 이 두 개의 법은 1833년 이전까지 어린이가 하루 8시간 이상 매일 일을 했음을 알려 주는 반증이 되고, 1842년 이후에

어린 방적공의 모습 1908년 12월, 미국 사우스캐롤라이나주 뉴베리의 몰로한 공장에서 일하는 어린 방적공의 모습에서 당시 아동 노동의 실태를 엿볼 수 있다.

도 광산 이외의 장소에서는 여전히 아이들이 노동에 시달리고 있었음을 말해 준다.

이처럼 19세기에는 노동자였던 어린이가 20세기에 들어서 어른들과 마찬가지로 주요한 소비자로 바뀌게 된다. 20세기에 들어서 어린이가 주요한 소비 주체로 등장한 것을 보여 주는 증거로, 미국에서 1905년부터 1920년 사이에 어린이를 위한 장난감의 소비가 무려 1300퍼센트나 성장했다는 점을 들 수 있다.

19세기 유럽의 어린이들은 힘든 노동을 해야 했지만, 20세기 미국에서 어린이들은 장난감을 갖고 즐겁게 노는 존재로 변화했다. 어린이는 이렇게 소비의 주요한 주체가 되었다.

"아이의 관심이 어머니를 상점으로 이끈다."

이 말에서 알 수 있듯이 소비자인 어머니를 상점으로 이끌기 위해 물건에 대한 아이들의 욕망을 키울 필요가 있었다.

가장 큰 역할을 한 것은 텔레비전이었다. 아이들을 위한 프로그램이 많이 만들어졌고 그것을 시청하는 아이들을 향해 광고가 쏟아졌다.

한때 아이들이 학교에서 지내는 시간보다 텔레비전을 보는 시간이 더 많을 정도로 텔레비전은 아이들에게 큰 영향을 미쳤다. 텔레비전은 새로운 소비자를 창출하는 데 큰 몫을 했다.

텔레비전에 더해서 어린이들의 소비를 상징하는 대표적인 것이 산타클로스이다. 산타클로스는 자본가와 노동자, 소비자가 어울리는 가장 아름다운 모습을 보여 준다. 여기서 산타클로스는 자본가의 모습이고 산타클로스 마을에는 아이들에게 선물할 물건을 만드는 난쟁이 노동자들이 있다. 그리고 매년 크리스마스가 되면 산타클로스는 1년 동안 착하게 지낸 아이들을 찾아내 선물을 나눠 준다.

여기까지는 매우 아름답다. 착하게 산 것에 대한 보답으로 선물을 받는 것은 교환의 핵심이다. 우리는 선물 교환의 핵심이 같은 것을 주고받는 것이 아니라 서로 다른 것을 주고받는 것임을 앞에서 살펴봤다. 아이들이 선물을 받은 데 대한 감사 편지를 산타클로스에게 보내는 것은 선물에 대한 되갚기이며,

산타클로스 착한 일을 한 어린이에게만 크리스마스에 선물을 준다는 산타클로스의 모습이다. 성 니콜라우스라는 실존 인물이 그 모델이다.

그 과정을 거쳐 선물 교환의 고리가 끝없이 이어진다.

그러나 실제로 선물을 사는 것은 부모들이고 백화점을 소유한 자본가들은 물건을 팔아서 돈을 번다. 아이들은 산타클로스가 부모라는 것을 알지만, 모른 척하고 크리스마스가 되면 큰 양말을 머리 위에 걸어 둔다. 어쨌든 산타클로스 때문에 지구인들은 크리스마스가 되면 누군가에게 선물을 해야 한다고 생각한다.

이런 생각은 산타클로스를 이용한 소비 전략에서 나온 것이다. 산타클로스를 처음으로 '고용'한 것은 산타클로스의 모델인 성 니콜라우스가 태어난 네덜란드가 아니라 미국이었다.

정확하게 말하면 미국의 백화점이었다.

이런 면에서 처음 프랑스에 산타클로스가 '고용'됐을 때 아이들에게 소비를 강요하고 좋지 않은 영향을 미친다는 이유로 가톨릭교회는 산타클로스 인형을 아이들이 지켜보는 앞에서 화형시키기도 했다.

하지만 선물을 주고받는 행위 자체는 인류의 오랜 물질생활의 중심이고 삶을 지탱하는 기본 요소였기에 사람들은 크리스마스가 되면 선물을 해야 한다고 생각하고 그 때문에 오늘날까지 산타클로스는 살아남아 겨울마다 아이들을 찾아온다.

브랜드와 믿음

한국에서는 한때 상표를 뜻하는 브랜드를 '메이커'라고 불렀다. 이때 메이커는 유명한 제조업체의 물건을 가리키는 말로 사용되었다. "이거 메이커야."라고 하면 좋은 물건이라는 뜻으로 쓰였다. 여전히 나이 많은 한국인들은 브랜드보다 메이커라는 말을 선호한다.

메이커는 말 그대로 만든 사람이나 회사를 가리키는 것으로, 생산이나 제작과 관계가 깊은 말이다. 그러니까 누가 만들었는지가 중요하다는 뜻이다.

이와 달리 브랜드는 다른 상품과 구별하기 위해 쓰는 명칭이나 디자인, 기호 등을 모두 가리키는 말로, 생산보다 소비와 관련이 있다. 즉 파는 사람이 누구인가가 중요하다는 뜻이다.

오늘날 브랜드는 그 자체로 가치를 가지고 있다. 예를 들면 세계적으로 유명한 코카콜라나 나이키 등은 상표만으로도 엄청난 경제적 효과를 발휘한다. 그 가치와 효과는 다른 말로 하면 믿음이다. 브랜드에 대한 믿음이 있기에 사람들은 지갑을 열고 상표가 붙어 있는 물건을 비싼 돈을 주고 산다.

브랜드는 어떤 과정을 통해 사람들의 믿음을 얻었을까? 처음 상표가 생긴 것은 누가 그 물건을 만들었는지를 알 수 없었기 때문이다. 예전에는 일상생활에서 사용하는 물건을 누가 만들었는지 알고 있었다. 그것이 빵이든 가구든 가까운 이웃들이 만들었기 때문에 믿을 수가 있었다. 그래서 굳이 상표를 붙일 이유가 없었다.

그러나 물건을 대량 생산하게 되면서 그 물건이 어디서 왔는지, 누가 만들었는지를 알 수 없게 되었다. 즉, 믿을 수가 없게 된 것이다. 교환에 빗대어 말하면 믿을 수 있는 안전한 신용 교환에서 위험한 물물 교환으로 바뀐 것이다. 낯선 사람과의 물물 교환이 지닌 위험성을 해소하기 위해 화폐가 만들어지고 그 화폐에 국가나 종교가 믿음을 부여한 것처럼, 누가 만들었는지 모르는 물건과 사는 사람 사이에 믿음을 줄 수 있는 브랜드라는 것이 필요해졌다. 이것이 브랜드 탄생의 배경이다.

특정한 브랜드가 만들어지는 구체적인 과정을 살펴보자. 대표적인 브랜드 작업으로 프랑스를 사례로 들 수 있다. 프랑스는 특정한 물건이 아닌 국가 전체를 브랜드로 만든 나라이다.

프랑스는 17세기 후반, 유럽의 다른 나라와 비교해 식민지 경쟁에서 뒤처졌다. 영국을 비롯한 유럽의 여러 나라가 세계 곳곳에 식민지를 건설하고 그를 통해 엄청난 경제적 이익을 챙겼지만, 프랑스는 그렇지 못했다. 그래서 당시 프랑스의 왕이었던 루이 14세는 외국과의 교역을 통해 이익을 얻기보다 프랑스에서 생산된 물건을 유럽에 팔아서 이익을 내는 쪽으로 방향을 바꾸었다.

프랑스는 먼저 자국에서 생산되는 물건에 대해 엄격한 제조 규정을 만들었다. 즉, 엉터리 물건을 만들지 못하게 했다. 물건을 기준에 맞지 않게 만들면 엄하게 처벌했다. 그러니까 물건을 만드는 사람이 무게를 속이거나 거짓으로 물건을 팔지 못하게 만들었다. 그리고 물건의 품질뿐만 아니라 포장에도 많은 신경을 썼다. 요즘으로 말하면 디자인을 아름답게 했다.

이렇게 엄격하게 물건을 만들고 디자인에 신경을 쓰자 점차 프랑스에서 생산된 물건은 질이 좋고 믿을 수 있다는 평가를 받게 되었다. 다른 말로 하면 프랑스에서 생산된 물건은 믿을 수 있다는 인식이 생겨난 것이다. 그러자 사람들은 프랑스 제품이라면 무엇이든 좋고 뛰어나다고 생각해서 적극적으로 매입하기 시작했다. 그 이후 프랑스에서 생산된 물건은 비싼 가격에 판매되기 시작했다.

프랑스는 오늘날에도 여전히 와인, 향수 등과 같은 고급한 제품을 세계에 팔고 있다. 프랑스에서 생산된 물건은 아름답고 훌륭하다는 이미지가 아직도 세계인의 머릿속에 새겨져 있기 때문이다.

우리에게 잘 알려진 세계의 수많은 브랜드는 대체로 위의 과정을 통해서 만들어졌다. 프랑스 물건이 최상품이라는 믿음을 만들어 낸 것처럼, 오늘날에는 광고를 비롯한 여러 매체를 통해서 그 물건의 장점을 알려서 안심하고 사게 만드는 것이다.

백화점의 등장

오늘날에도 소비를 선도하는 고급스러운 소비의 상징으로 꼽히는 곳이 백화점이다. 백화점이라는 말은 백화(百貨), 즉 모든 물건을 다 갖추어 놓은 상점이라는 뜻이다.

백화점이 어떻게 태어났고 어떻게 변화했는지를 살펴보는 것은 소비와 소비자를 이해하는 데 큰 도움이 된다. 지구인이 어떻게 노동자에서 소비자로 변신했는지를 가장 잘 보여 주는 것이 백화점이기 때문이다.

유럽에서 백화점이 처음 모습을 드러낸 것은 1852년에 아리스티드 부시코가 파리에 세운 '봉 마르셰'였다. 봉 마르셰는 오늘날 백화점의 이미지와 달리 '싸다'는 뜻을 가지고 있다.

백화점이 생기기 전에도 물건을 판매하는 상점들이 있었다. 하지만 이들 상점은 폐쇄적이었다. 그래서 어떤 상품을 팔고 있는지 알기 어려워서 간판만 보고 들어갈 수가 없었다. 게다가 가격표가 없었기 때문에 부르는 것이 가격이었다. 당시에 뛰어난 상인이란 "좋은 물건을 파는 사람이 아니라 비싸게 파는 능력을 지닌 사람"을 뜻했다.

이러니 사람들이 상점을 이용하기가 힘들었다. 여기에다 당시는 교통과 도로가 제대로 갖추어져 있지 않았기 때문에 오늘날처럼 쇼핑하는 것 자체가 힘들었다. 도로와 교통이 정비되고 확대된 것은 19세기 초반이었다. 1816년에는 프랑스의 밤거리에 가스등이 불을 밝히기 시작했고 1828년에는 승합마차가 부활하며 교통이 편리해졌다.

이렇게 사람들의 이동이 조금 자유로워지면서 상점도 변화하기 시작했다. 이른바 '마가쟁 드 누보테'라고 불리는 유행품점이 거리에 등장했다. 유행품점은 과거 단골만 상대하던 상점과 달리 뜨내기손님들을 상대하기 시작했고 그래서 물건에 가격표를 붙였다.

유행품점은 뜨내기손님을 상점 안으로 끌어들이기 위해서 폐쇄성을 벗어던졌다. 밖에서도 물건이 보일 수 있도록 상점을 개방했고, 상점 안으로 들어온 손님에게 구입을 강요하지도 않았다. 그리고 광고 전단을 제작해 더욱 많은 사람에게 물건의 정보를 제공하며 손님들을 끌기 위해 노력했다.

뉴욕 맨해튼의 헤럴드 광장 안에 있는 메이시스 백화점(1907년) 1829년에 미국의 사업가 로랜드 허시 메이시가 작은 상점으로 시작한 메이시스 백화점은 한때 세계에서 가장 큰 상점으로 국제적 공인을 받기도 했다. 현재 미국 뉴욕의 중상위급 백화점 체인으로서 160년 넘게 그 명맥을 이어오고 있다.

이런 유행품점을 세련되게 치장한 것이 백화점이었다. 19세기 후반에 백화점이 등장할 수 있었던 것은 여러 가지 사회적 변화와 관련이 있다.

먼저 철도가 보급되면서 사람들의 이동이 자유로워졌고 물건을 사러 나오기가 편리해졌다. 상점 역시 철도를 이용해서 멀리 떨어진 곳에 있는 물건을 확보하기 쉬워졌다. 그러니까 보다 많은 물건을 다룰 수 있는 여건이 조성되었다는 뜻이다.

백화점이 등장하면서 생긴 가장 큰 변화는 산업이었다. 과거에는 물건을 만든 사람이 판매도 했지만, 이제는 물건을 만드는 것과 판매하는 것이 분리되었다. 그리고 차츰 만드는 것보다 파는 것이 더 중요해졌다. 그러니까 상업이 공업보다 우위를 차지하기 시작했다.

상업이 우위를 차지했다는 것은 고객에게 가까이 다가가서 유행을 만들어 내고 이끌 수 있게 되었음을 의미한다. 다시 말해 좋은 물건을 생산하는 것보다는 사람들이 원하는 물건을 만들어 판매하는 것이 더 중요해졌고, 한 걸음 더 나아가 사람들의 마음을 움직여 판매를 하는, 곧 유행을 창출하는 일이 중요해졌다는 말이다.

백화점은 바로 이 판매와 유행의 상징과도 같은 존재가 되었다. 좀 어렵게 표현을 하면 소비 자본주의로 가는 토대가 마련된 셈이다. 소비 자본주의는 "소비 욕망이 소비보다 앞선다."라는 말로 정리할 수 있다. 다른 말로 하면 필요한 물건을 사는 것보다도 사고 싶다는 욕망을 불어넣어 소비하게 만드는 것이다.

소비 전략

물건을 만드는 것보다 파는 것이 더 중요해지면서 사람들의 마음을 유혹하는 방법이 발달하게 된다. 이른바 '소비 전략'이 그것이다. 이때 만들어진 소비 전략은 대부분 오늘날에도 그대로 활용되고 있다.

가장 먼저 등장한 전략은 물건을 할인해서 파는 '바겐세일'이다. 바겐세일은 유행이 지난 물건들을 싸게 파는 것에서 시작되었다. 파는 쪽에서는 팔지 못해 쌓여 있는 불량 재고를 처리할 수 있어서 좋고, 사는 쪽에서는 싸게 살 수 있으니 서로에게 좋은 전략이었다. 이때부터 사람들은 흔히 '세일'이라고 부르는 바겐세일을 기다리게 되었다.

또 날이 춥거나 너무 더워서 사람들이 백화점을 찾지 않을 때, 그러니까 비수기 때에는 박람회를 열었다. 박람회는 요즘 말로 하면 기획전이다. 공간을 새롭고 화려하게 꾸미고 특정한 분야의 물건을 따로 전시해서 판매하는 전략이다.

박람회는 일상 공간과 다른 세계를 연출한다는 특징이 있다. 화려한 공간을 연출해서 사람들의 마음을 휘어잡았다. 그것을 백화점이 활용했다. 그래서 당시 프랑스의 유명한 작가였던 에밀 졸라(1840~1902)는 "백화점은 산업의 대성당이다."라고 표현하기도 했다. 이 말에는 과거라면 성당에 모여서 신을 찬양했지만, 이제는 백화점에 모여서 물건을 찬양한다는 의미가 담겨 있다.

그리고 미끼 상품도 이때 등장했다. 특정한 상품을 아주 저렴하게 판매하면 사람들이 몰려왔다. 그때 그 사람들에게 다른 상품의 홍보도 하고 실제로 다른 물건의 충동구매를 유도했다. 그래서 미끼 상품은 싸게 팔아서 손해일 듯싶지만 실제로는 이익이다.

그리고 획기적인 전략 가운데 하나가 반품과 교환이었다. 오늘날에는 소비자들의 빈번한 반품과 교환 때문에 판매자들이 속을 썩는다는 이야기가 들려온다. 그것은 택배와 같은 물류가 발달한 탓이다. 옛날에는 반품이나 교환을 하려면 다시 백화점을 찾아야 했다. 그러다 보면 충동적으로 다른 물건들을 사는 경우가 많았다. 반품과 교환도 얼핏 손해인 것처럼 보이지만 실제로는 이익이었다.

또 하나, 백화점이 화려해졌다. 최초의 백화점인 봉 마르셰는 프랑스의 상징인 에펠 탑으로도 유명한 구스타브 에펠 (1832~1923)이 설계해서 지은 건물이었다. 백화점의 내부는 천정을 높게 해서 반짝이는 크리스털로 장식하고 화려한 색채와 밝은 조명으로 그곳이 물건을 파는 상점이라는 것을 잊게 했다.

이러한 연출은 백화점에 가는 것은 축제에 가는 것이라는 느낌을 주었다. 현실을 잊게 만드는 놀이동산처럼 백화점은 시간을 망각하고 정신없이 물건을 구경하다 보면 자기도 모르게 물건을 구매하게 만드는 곳이었다.

그래서 백화점에는 없는 것도 있다. 현실인 바깥을 볼 수 있는 창문과 시간을 알려 주는 시계가 없다. 이렇게 소비자를 유혹하기 위해 백화점은 공간을 다르게 구성했다. 일부러 입구를 좁게 했고 고객들의 움직임을 유도했다.

백화점이 목표로 삼은 고객은 여성들이었다. 이 또한 오늘날에도 그대로 이어지는 전통이다. "여성의 마음을 사로잡으면 세계라도 팔아넘길 수 있다."는 말이 있을 정도로 여성이 백화점을 통해서 소비의 주체로 등장했다.

여성들 백화점으로 가다

. . . .

어린이들이 소비자로 등장하게 된 것은 여성이 소비자가 된 이후의 일이었다. 여성들을 목표로 한 백화점은 먼저 여성들의 심리를 이해하려고 애썼다.

당시 사회는 본격적인 소비의 시대로 접어들지 않았기 때문에 소비는 악덕에 속하는 낭비라는 인식이 여전히 남아 있었다. 그래서 여성을 백화점으로 끌어들이는 방법으로 '알뜰함'을 이용했다. 바겐세일과 미끼 상품을 내세워 여성에게 싼값에 좋은 물건을 살 수 있다고 홍보했다.

이렇게 해서 물건을 사면 돈을 절약할 수 있다는 이상한 논리가 탄생했다. 이것은 오늘날에도 통용되고 있다. 2+1행사와 같은 것들이 그 예이다. 하나만 필요한데 두 개를 사면 하나를 공짜로 준다는 행사 때문에 필요하지 않은데도 사는 경우가 많다. 그리고 이익을 보았다고 생각한다. 그러나 곰곰이 생각해 보면 그것은 결코 이익이 아니다. 절약하고 싶다는 욕망을 불러일으켜 오히려 물건을 하나 더 사게 만든 것이다.

또 하나 여성들의 심리를 자극한 것은 계급 상승의 욕구였다. 동일한 기능을 가진 여러 가지 제품을 비교하고 전시해서 더 고급하고 비싼 제품을 사게 만드는 방법이었다. 흔히 '명품'이라고 불리는 가방이나 액세서리 등은 이런 과정을 통해 생겨났다. 자기보다 높은 신분의 사람들이 소비하는 물건을 구매해서 소유하면 그 물건을 통해 그 계급에 속한 것과 같은 만족감을 얻게 만드는 것이다.

이런 심리적인 만족감이 없다면 비싼 돈을 주고 명품을 살 이유가 없다. 어떤 명품 가방에는 특수한 전자 장치나 특별한 기능이 있는 것이 아닌데도 엄청난 가격표가 붙어 있다. 만약 그 가방의 브랜드가 지닌 계급적 이미지가 없다면 대부분은 그토록 비싼 돈을 주고 사지 않을 것이다. 그 가격은 가방 자체의 가격에 심리적인 만족감이 더해진 액수이다. 대체로 실제 가방 가격보다는 이 심리적인 만족감의 대가가 훨씬 크다.

그런데 문제는 욕망이 생겼는데 물건을 살 돈이 없을 때이다. 부풀어진 욕망을 충족시킬 돈이 없을 때 어떤 사람들은 그 물건을 훔친다. 당시 백화점에는 절도가 많았다. 경제적인 능력의 부족과 욕망의 충돌이 빚어낸 일이었다. 그러나 백화점은 태연했다. 그 까닭은 다음과 같은 말에 오롯이 담겨 있다.

"욕망을 불러일으키지 못하는 백화점에서는 절도도 일어나지 않는다."

모르는 것은 사지도 않는다

욕망은 아는 것에서 비롯된다. 우리는 모르는 것을 탐내거나 욕심낼 수 없다. 어떤 특정한 브랜드가 있다는 것을 알아야 관심이 생기고 사고 싶다는 생각을 하게 된다. 그 브랜드를 잘 모른다면 과연 그 상품을 살까?

백화점은 여성들의 욕망을 부추기고 상품을 판매하면서 중요한 사실 하나를 깨달았다. 그것은 바로 교육이었다. 백화점은 오늘날에도 문화 센터 등의 이름으로 명사를 초대해서 강의를 개최하는 등 다양한 프로그램을 진행하고 있다. 이것은 과거의 전통에 따른 것이다.

백화점은 처음에는 앞에서 소개한 소비 전략을 통해 상품을 팔았다. 그러나 소비 전략이 세련되게 발달하면서 하나의 상품이 아니라 세트로 계속해서 판매할 수 있다는 것을 알아차렸다. 매번 상품 하나를 팔기 위해 애쓰기보다 스스로 사게 만드는 방법이었다.

이를 위해 백화점은 교육 기관으로 변신했다. 교육의 핵심은 구매 욕망을 알려 주는 것이었다. 여자들은 욕망에 사로잡혀 물건을 구입하기도 했지만, 한편으로 죄책감을 느끼기도 했다. 그것은 여전히 소비가 악덕이라는 생각이 남아 있었기 때문이다. 교육은 이런 죄책감을 없애고 새로운 소비에 대한 욕망을 불러일으키는 효과적인 수단으로 활용되었다.

좀 더 구체적으로 살펴보자. 백화점은 먼저 중산층 계급의 라이프 스타일을 제시했다. 중산층이라면 이런 물건쯤은 갖고 있어야 한다는 식이다. 또 남들도 다 갖고 있으니 상품을 사도 죄책감을 가질 필요가 없음을 넌지시 알려 주었다. '남들처럼'이라는 말은 경쟁을 불러일으키는 동시에 다른 사람들이 갖고 있는 것을 나도 갖고 싶다는 욕망을 키워 냈다.

좋은 사례가 바캉스이다. 바캉스는 휴가를 떠나는 것이다. 오늘날에도 휴가철이 다가오면 백화점에서는 휴가에 필요한 상품들을 따로 전시해서 판매한다. 그것은 처음 백화점이 생겼을 때도 마찬가지였다. 그러니까 중산층이라면 여름에 휴가를 가야 한다는 것을 알려 준 다음에 휴가를 위해 필요한 상품을 소개하는 것이다.

많은 사람이 중산층처럼 살고 싶어 했기에 휴가를 가고 싶어 했고, 휴가를 떠나기 위해서는 백화점에 가서 그에 필요한 상품을 사야 했다. 그러니까 백화점은 바캉스라는 생각을 사람들에게 알려서 상품을 판매하여 이익을 올린 것이다. 그것은 오늘날에도 다르지 않다.

교육을 위해서는 교과서와 참고서가 필요하다. 백화점의 소비 교육에도 교과서와 같은 것이 등장했다. 그것은 프랑스어로 '아젠다'라고 부르는 수첩이었다. 백화점에서 무료로 나눠 준 수첩에는 당시 중요하게 여겼던 기념일, 건강, 농사와 관련된 다양한 내용이 날짜별로 정리되어 있었다. 말하자면 이 수

첩은 중요한 날을 알려 주고 그날에 필요한 상품에 대한 정보도 함께 알려 주었다. 게다가 글을 읽지 못하는 사람들을 위해 친절하게 그림을 그려 놓았다.

또 먼 곳에 있어서 백화점에 쉽게 올 수 없는 사람들을 위해 통신 판매도 시작했다. 오늘날에 비유하면 홈 쇼핑 정도가 될 것이다.

백화점 내부도 지금까지 살펴본 소비 전략에 따라 꾸며졌다. 상류층에 대한 환상을 불러일으키기 위해 독서실과 같은 신문이나 잡지 등을 읽을 수 있는 공간을 만들었고, 여성들을 위해 화장실을 화려하고 청결하게 꾸몄다. 그리고 정기적으로 미술 전시회나 콘서트 등을 개최해 문화적인 욕망을 일깨웠다. 당시로는 파격적으로 무료 음료도 제공했다.

이렇게 해서 백화점에 간다는 것은 상류층의 문화를 누리는 것이고 그를 통해 계급이 상승된 듯한 기분을 맛보는 것이 되었다. 부채와 관련하여 지적해 보면, 이런 수많은 서비스는 사람들에게 빚을 안기는 것이다. 사람들은 마음의 빚을 갚기 위해 상품을 사게 된다.

백화점은 이런 다양한 전략을 통해서 승승장구했고 소비 자본주의의 상징과 같은 존재가 되었다. 그리고 미국의 성장과 더불어 세계로 퍼지며 오늘날과 같은 소비의 시대를 활짝 열었다.

물건의 주인이 되어야 한다

· ·

이렇게 자세하게 소비를 설명한 것은 아름다운 고리의 이주민들이 지나치게 소비에 빠지지 않길 바라기 때문이다. 지구의 화려한 물건과 광고에 현혹되어 물질의 노예가 되어서는 안 된다.

오늘날 지구에는 물질 만능주의에 빠진 사람들이 많다. 다른 사람들과 즐거운 대화를 나누기보다 쇼핑하기를 더 좋아하고 물질을 통해 기쁨을 얻으려는 사람들이 많다. 이렇게 지구인들은 '소비하는 인간'(Homo Consumus)이 되었다.

그러나 물질에 현혹되면 돈이 필요하고, 돈을 얻기 위해서는 오랜 노동을 해야 하며, 오랜 노동을 하게 되면 삶을 즐기고 주변과 사랑을 나누는 시간이 줄어든다.

우리는 지구에 돈을 벌거나 고된 노동을 하려고 찾아온 것이 아니다. 우리는 행복과 즐거움을 찾아서 지구로 이주했다. 우리는 달콤한 과일과 즐거운 대화, 아름다운 지구의 자연을 즐기며 지구인들과 더불어 살기 위해 지구를 찾아왔다.

물건은 편리한 삶을 살아가게 해 주는 수단에 불과하다. 따라서 물건이 필요하지만, 물건이 목적이 되면 안 된다. 또 지닌 물건으로 사람을 평가해서도 안 된다.

오늘날 물건은 브랜드와 결합이 되었다. 이 때문에 활용하기 위한 물건이 신분의 과시나 차별의 원인이 되고 있다. 가방을 예로 들면 본래의 물건을 담는 목적보다 남들에게 보여 주기 위해 비싼 돈을 주고 사야 하는 일이 벌어졌다.

최근 지구인들은 물건의 숭배를 넘어 브랜드를 종교처럼 맹목적으로 믿는 경우가 많다. 그래서 뛰어난 브랜드를 보유한 기업은 적정 가격보다 훨씬 비싸게 물건을 판다.

이처럼 브랜드가 믿음을 위한 수단이 아니라 목적이 되면서 소비자 스스로 큰 손해를 입고 있다. 또 사람들은 물건을 쓰는 주인이 아니라 브랜드화된 물건의 지배를 받는 지경에까지 이르렀다.

아름다운 고리의 이주민들은 물건의 노예가 아닌 주인이 되어야 한다. 유명하거나 비싼 브랜드를 소비의 기준으로 삼기보다는 자신이 중요하게 생각하는 가치를 생산해 내는 상품을 고르기를 권한다. 동물을 좋아한다면 유기 동물을 후원하는 회사의 제품을 산다든지, 환경을 중요하게 생각한다면 환경 보호에 앞장서는 회사의 제품을 사는 것도 좋은 선택이다.

지구 경제의 원리와 흐름을 이해하라

경제 원리

마법의 세계

우리가 정한 아홉 번째 계명은 세상이 어떻게 변하는지 관심을 가지고 이해하라는 것이다. 지구의 경제 상황은 빠른 속도로 변화하고 있다. 그 변화의 흐름을 알지 못하면 경제생활에서 불리해진다. 지구 생활을 즐겁게 누리기 위해서는 지구 경제의 변화에 관심을 가져야 한다.

현대 지구 인류는 역사상 가장 풍요로운 생활을 누리고 있다. 고대인들은 말할 것도 없고 근대에 살았던 사람들도 타임머신을 타고 현대로 온다면 마법이 이루어진 세계라고 말하

<게으름뱅이의 천국>(The Land of Cockaigne) 굶주림과 힘든 노동에 지친 중세 유럽인들은 이 상향으로 코카인이라는 환상의 나라를 꿈꿨다. 그것은 아무 일을 안 해도 원할 때마다 음식이 나오며 사치스럽고 나태하게 생활할 수 있는 환락의 땅이었다. 피터르 브뤼헐(1525?~1569)의 그림이다.

며 눈이 휘둥그레질 것이다.

16세기에 살았던 네덜란드의 유명한 화가인 피터르 브뤼헐은 <게으름뱅이의 천국>이라는 그림을 남겼다. 그 그림을 보면 당시 사람들이 꿈꾸었던 천국은 마음껏 먹고 마시는 세상임을 알 수 있다. 이들이 만약 오늘날의 백화점이나 뷔페 식당을 본다면 천국에 와 있다고 생각하지 않을까? 물론 그 음식을 먹기 위해 돈을 내야 하고 그 돈을 벌기 위해 노동을 해야 한다는 것을 알면 실망하겠지만.

또 비행기를 타고 여행을 다니는 것도 근대 이전에 살았던 사람들이 보기에 꿈만 같은 일이다. 예전이라면 다녀오는데 몇 년 또는 몇십 년이 걸렸을 거리를 오늘날에는 그날로 다녀올 수도 있다. 이런 경제적인 풍요로움은 일일이 말하기도 힘들 정도이며 과거와 비교도 할 수 없다.

그런데 이렇게 근대 이전의 사람들에게는 천국이나 꿈이 이루어진 세계로 생각될 현대를 살아가고 있는 지구인들은 매우 불행한 듯 보인다. 한때 한국에서는 '헬조선'이라는 말이 유행했다. 그들이 사는 땅이 천국이 아니라 지옥이라는 말이다. 게다가 경제적인 어려움 때문에 스스로 목숨을 끊는 사람들이 늘어나고 있다. 천국과 자살은 서로 어울리는 말이 아니다.

대체 사람들이 이 세계를 천국이나 낙원이 아니고 심지어 지옥이라고 생각하게 된 이유는 뭘까?

높은 산, 깊은 골짜기

산이 높으면 골짜기도 깊게 마련이다. 풍요로움이라는 산이 높아질수록 그 풍요로움 때문에 생겨난 문제의 골짜기도 깊을 수밖에 없다. 오늘날 세계는 다양한 경제 문제를 품고 있다. 특히 경제가 사람들의 삶과 생활을 좌지우지하게 되면서 경제 문제는 사회, 문화, 교육, 의료 등 인류의 모든 생활 깊숙한 곳까지 침투해 있다.

게다가 경제 문제는 세계적인 규모에서부터 각 개인이 고민하고 해결해야 하는 것까지 매우 다양한 얼굴을 하고 있다. 그래서 오늘날의 경제 문제는 마구잡이로 뒤엉킨 실뭉치를 보고 있는 듯하다. 경제가 경제에만 국한되지 않고 사람들의 삶 전체와 관련되었을 뿐만 아니라 국가든 개인이든 처해 있는 상황이 모두 달라서 공통의 해법을 찾기도 매우 힘들어 보인다.

또한 경제로 파생된 세계적인 규모의 일인 경우 각 개인은 자기와 관련이 없다고 생각하기 쉽다.

하지만 그렇지 않다. 정치, 경제, 사회, 문화, 교육, 의료 등이 모두 하나로 연결되어 우리의 삶을 구성하고 있는 것처럼, 경제 문제 역시 세계적인 규모의 것이든 개인적인 것이든 독립적으로 발생하거나 존재하지 않기 때문이다. '나비 효과'라는 말이 있다. 나비의 작은 날갯짓이 폭풍우를 일어나게 할 수도 있다는 것이다. 그러니까 아주 작은 것이라도 커다란 변화를 일으킬 수 있다는 뜻이다. 한마디로 말하면 큰 것이든 작은 것이든, 그것이 세계적인 것이든 개인적인 것이든 모든 경제 문제는 우리 생활에 직접 영향을 미친다는 것이다.

오늘날의 경제 문제 가운데 인류를 가장 위협하는 것은 많은 학자가 지적하는 것처럼 불평등이다. 경제적인 불평등이 사회와 문화에 많은 문제를 일으키고 있기 때문이다.

이 밖에도 기술의 발달과 로봇의 등장으로 생긴 노동의 문제, 기대 수명의 증가와 고령화가 초래하는 여러 경제 문제, 온난화 등의 이유로 야기되는 기후 변화에 따른 환경 비용의 증가, 전쟁이나 전쟁 위기로 인한 비용까지 인류는 수많은 경제 문제를 떠안고 살아가고 있다.

오늘날 지구에 놓여 있는 여러 경제 문제가 어떻게 생겨났는지를 살펴보자. 그것을 통해 현재, 그리고 앞으로 닥쳐올 지구의 경제 상황을 가늠해 볼 수 있을 것이다.

작은 도시 브레턴우즈

오늘날 세계의 경제 문제를 살펴보기 위해 이해해야 하는 것 가운데 하나가 '브레턴우즈 체제'(Bretton Woods system, BWS)이다. 생소해 보이지만 오늘날의 지구 경제 문제를 파악하기 위해 반드시 알아야 하는 것이다.

브레턴우즈는 미국 뉴햄프셔주에 있는 작은 도시의 이름이다. 이 작은 도시가 세계적으로 유명해진 이유는 1944년 7월에 이 도시에서 역사적인 회의가 열렸기 때문이다. 1944년 7월은 수많은 죽음과 함께 인류를 참혹한 불행으로 이끌었던 2차 세계 대전이 끝나기 직전이었다.

당시 브레턴우즈에는 44개 국가의 대표들이 모였다. 전쟁 이후 세계의 경제를 어떻게 부흥시킬 것인지를 논의하는 자리였다. 이 자리에서 훗날 '세계은행'으로 변신한 'IBRD'(국제부흥개발은행)를 비롯해 한국 사람들에게 경제적 공포의 대명사가 된 'IMF'(국제통화기금) 등의 창설이 결정되었고, 훗날 관세와 교역을 위한 협정인 'WTO'(세계무역기구) 등이 태어날 수 있는 기본적인 틀이 마련되었다.

또 하나 매우 중요한 결정이 있었다. 그것은 세계인이 교역할 때 기준이 되는 통화, 즉 기준이 되는 돈을 미국의 화폐인 달러로 결정한 것이다. 기준이 되는 돈은 흔히 '기축 통화'라고 부른다.

기준을 정하는 것은 예부터 최고 권력자의 몫이었다. 그래서 권력을 잡으면 길이와 넓이, 무게 등을 정하는 도량형부터 통일했다. 달러를 기준으로 삼는다는 것은 달러가 최고의 힘을 갖는다는 것을 의미했다. 그리고 달러를 사용하는 미국이 경제적으로 최고 강대국이 되었음을 뜻한다. 실제로 이후 미국은 세계의 경제를 주도하는 최고 강대국이 되었다. 19세기에 영국이 산업 혁명을 통해 세계를 지배했다면, 20세기에는 미국이 '달러 패권'으로 경제를 지배하게 된 것이다.

브레턴우즈에서 열린 회의의 목적은 두 차례에 걸친 세계 전쟁으로 피폐해진 세계의 경제를 살리는 것이었다. 그러나 결론적으로 말하면 미국을 중심으로 하는 강대국들을 위한 체제가 되고 말았다. 그리고 그것이 오늘날 가난한 주변국들이 겪고 있는 많은 경제 문제를 낳았다. 브레턴우즈의 결정 이후 세계 경제는 좋아졌지만 많은 주변국은 외채(외국에 진 빚)가 급증했고, 그로 인해 빈곤과 기아, 환경 파괴, 질병, 정치적 불안정, 불평등과 같은 부정적인 문제들이 발생했기 때문이다.

　사례를 하나 들어 보자. 브레턴우즈의 결정으로 창설된 IBRD는 원래 선진국들의 경제 원조를 위해 탄생한 것이다. 그런데 선진국들은 스스로 경제를 부흥시켰다. IBRD에서 돈을 빌린 것은 네덜란드뿐이었다.

　그러자 IBRD는 선진국이 아닌 주변국에 돈을 빌려주기 시작했다. 돈이 필요한 경우에 은행에서 돈을 빌려주고 빌리는 것 자체가 나쁜 것은 아니다. 돈을 빌려서 더 많은 돈을 벌 수 있다면 돈을 빌리는 것이 이익이다.

　그런데 이들은 돈을 빌려준 다음에 그 돈의 사용까지 지적했다. 예를 들면 빌려준 돈으로 도로를 건설하고 항만을 지어야 한다는 등의 요구를 한 것이다. 물론 한 사회가 발달하기 위해 도로와 항만을 건설하는 것은 당연히 필요한 일이다. 그러나 그에 필요한 기술을 갖고 있는 선진국이 그 나라에 들어가 도로를 만들고 항만을 만들었다. 그리고 그에 대한 비용으로 빌려준 돈을 모두 회수했다. 그러니까 도로가 생기고 항만이 생겼지만 이와 더불어 빚도 생긴 것이다.

　우리는 빚이 얼마나 무서운 것인지 알고 있다. 빚은 심하게는 노예를 만들기도 한다. IBRD는 빚진 나라에 목재(나무)나 광물 자원 등을 팔아서 빚을 갚으라고 요구했다. 이런 원자재는 대부분 선진국으로 팔렸고 선진국은 그 원자재를 가공해 물건을 만들어 다시 빚을 진 나라에 팔았다. 간단히 말해, 목재를 팔게 한 다음 그것으로 의자와 식탁을 만들어 목재보다 훨씬 비싼 가격에 되팔았다는 말이다.

이렇게 해서 한번 빚진 나라는 그 빚의 굴레에서 빠져나오기 힘들었다. 빚을 진 국가가 빚을 갚게 되면 선진국 입장에서는 돈을 벌기 힘들기 때문에 더 많은 대출을 해 주었다. 결과적으로 빚을 진 국가는 대출이 늘어나게 되는데, 이것이 흔히 말하는 '과다한 외채'이다. 빚을 갚기 위해서는 무엇이든 팔아야 했다. 빚을 빨리 갚지 않으면 이자가 눈덩이처럼 늘어나기 때문이다.

지금까지 살펴본 내용은 이해하기 쉽게 아주 간단히 정리해 놓은 것이다. 실제 과정은 훨씬 복잡하고 치밀하다. 외채는 인간적 부채가 아니라 상업적 부채이다. 인간적 부채는 많을수록 좋지만, 상업적 부채는 적을수록 좋다.

한국을 예로 들면 그들이 1998년에 흔히 'IMF'로 표현되는 외환 위기를 겪어야 했던 것도 위에서 살펴본 일련의 과정과 관련이 있다. 한국의 경우 1998년 이후로 사람들의 생각이 크게 변화했다. 한국 사람들의 머릿속에서 돈이 과거보다 큰 위력을 발휘하게 되었다. 돈에 대한 생각이 바뀌면서 그것이 긍정적이든 부정적이든 새로운 사회 현상들이 많이 나타났다. 또 사회뿐만 아니라 개인들 사이의 인간관계나 개인의 가치관에도 변화가 나타났다.

이렇게 1944년 7월의 회의는 전 세계의 경제적인 현상뿐만 아니라 우리가 정착한 한국 사회와 한국인에게도 영향을 미치고 있는 셈이다.

타오르는 석유 산업의 불꽃

이후 큰 영향을 미친 브레턴우즈 회의의 결정 중 하나는 달러를 기축 통화로 삼았다는 것이다. 오늘날 기축 통화로 활용되는 것은 달러에 더해서 유로(유럽 연합), 엔(일본), 파운드(영국), 위안(중국) 정도이다. 즉, 경제적인 힘을 지닌 나라의 돈이 기축 통화가 된다.

그런데 미국은 1971년에 공식적으로 금 본위제를 폐지했다. 늘어나는 화폐의 수요를 도저히 감당할 수 없었기 때문이다. 금 본위제는 앞에서 살펴본 것처럼 화폐를 발행하기 위해서는 그만큼의 금이나 은을 비축해야 한다는 제도이다.

미국이 금 본위제를 포기한 것은 베트남 전쟁에 많은 돈을 써야 했고, 보건과 복지에 대한 비용이 폭발적으로 늘어나서 금과 은을 충당할 수 없었기 때문이다. 이미 유명무실했던 금 본위제는 이렇게 공식적으로 사라졌다.

금 본위제가 폐지되면서 이제 화폐는 국가의 신용만으로 발행할 수 있게 되었다. 그러자 여러 나라들은 앞다투어 화폐를 찍어 냈다. 돈을 많이 찍어 낸 것은 돈이 많아지면 일시적으로 경제가 좋아진 것처럼 보이기 때문이다.

우리 몸에서 피가 잘 순환되면 건강해지는 것처럼 돈이 사회에서 잘 순환되면 사회의 경제가 좋아진다. 그러나 돈을 찍어 내는 것은 빚을 만드는 일이다. 갚을 수 있을 만큼 빚을 지는 것은 상관없지만 지나치면 부작용이 생기기 마련이다. 화폐와 상업적 부채는 꽉 쥐면 죽고 느슨하게 잡으면 손에서 빠져나가는 미꾸라지를 닮았다. 국가가 적절한 힘으로 조절하지 않으면 경제를 죽이거나 망치고 만다는 점에서 그렇다.

그런데 최근 미국을 필두로 해서 많은 나라가 돈을 많이 발행했고 빚이 급증했다. 오늘날 선진국을 포함해 상당수의 나라들이 천문학적인 상업적 부채에 시달리고 있다. 좀 과장해서 말하면 현대 인류는 빚더미 위에 앉아서 빚을 통해 생활하고 있다. 비유하자면 언제 터질지 모르는 빚 폭탄을 깔고 살아가고 있다. 그 빚은 새로운 발상의 전환이 없으면 고스란히 인류의 후손들이 갚아야 한다.

또 하나 눈여겨보아야 할 것은 석유 산업의 발흥이다. 19세기에 산업 혁명이 있었다면 20세기에는 석유 산업이 있었다. 석유 산업은 산업 혁명만큼 파급력이 크지는 않았지만, 지구인의 삶에 많은 영향을 미쳤다.

19세기 후반부터 석유가 조명용 연료를 넘어 자동차용 연료로 사용되면서 본격적으로 에너지로서 활용되기 시작했다. 그러다가 석유는 두 차례의 세계 전쟁을 치르며 군사적으로뿐 아니라 경제적으로도 큰 가치를 지니게 되었다. 길을 달리는 자동차들이 기하급수적으로 늘어나고 석유를 이용한 산업이 발달한 탓이었다.

그런데 석유는 세계 모든 곳에서 생산되지 않는다. 특히 많이 매장된 곳은 경제적으로 쓸모없는 땅이라 여겼던 서남아시아 지역이었다. 이 지역에서 석유를 생산하던 국가들은 1973년 10월, 4차 아랍-이스라엘 전쟁을 계기로 석유를 무기 삼아 가격을 인상하고 생산을 제한했다. 이른바 '오일 쇼크'(석유 파동)라고 불리는 것이다. 세계 경제는 오일 쇼크의 충격으로 휘청거렸다.

한편 석유 가격의 인상으로 서남아시아 지역의 여러 나라는 '오일 머니'(오일 달러)라고 불리는 큰돈을 벌었다. 이렇게 모여든 돈은 주변국에 대출 형태로 흘러들어 갔다.

불평등과 경제적 신분

오늘날 지구의 가장 큰 경제 문제는 '불평등'이다. 경제와 관련된 불평등은 부자와 가난한 자의 차이를 의미하는 빈부 격차와 소득 불평등이 대표적이다.

한 예로 오늘날 미국의 3대 부자가 48개 국가의 총생산량보다 더 많은 부를 소유하고 있다. 또 세계 상위 20퍼센트가 전체 물자의 86퍼센트를 소비하지만, 하위 20퍼센트는 불과 1.3 퍼센트밖에 소비하지 못하고 있다. 즉, 가진 자는 너무 많이 가지고 있다. 과거에는 부자라고 해도 오늘날과 같은 엄청난 부자가 아니었다. 오늘날 부의 쏠림 현상이 심해진 것은 현대에 들어 자본주의가 크게 발달하면서 자본 자체의 규모가 커졌기 때문이다.

많은 사람이 모여 사는 사회에서 어느 정도 불평등은 있을 수밖에 없다. 그것은 사람들의 얼굴이 다른 것처럼 놓여 있는 상황이 다르고 생각하는 가치가 다르기 때문이다. 어떤 사람은 돈을 많이 버는 것을 좋아하지만 어떤 사람은 돈보다는 여행을 하는 등 문화적인 것을 더 좋아할 수 있다. 서로 중요하다고 생각하는 가치가 다르기 때문에 경제적이거나 문화적인 불평등이 생겨날 수 있다는 뜻이다.

그러나 오늘날 문제로 제기되고 있는 불평등은 이런 것이 아니라 구조적인 것이다. 경제적 불평등은 크게 두 가지 원인을 갖고 있다.

하나는 부의 세습이다. 자본주의 사회에서 자본은 안락하고 인간적인 삶을 사는 데 필요한 조건이다. 그런데 부자를 부모나 친족으로 가진 사람은 별다른 노력 없이도 자본을 쉽게 보유할 수 있다. 예를 들어 건물을 보유하고 있으면 노동을 하지 않고도 쉽게 돈을 벌 수 있는데 부모가 건물주라면 그 돈으로 좋은 교육을 받아 의사나 변호사와 같은 유망한 직업이나 좋은 직장을 차지할 가능성이 높아진다. 한국 사회에서 이런 상황을 금수저와 흙수저에 빗대어 말하는 '수저 계급론'은 이와 같은 배경에서 등장했다.

다른 하나는 국가의 자원과 관련이 있다. 강대국의 경우에는 기술적 우위를 갖고 있고 서남아시아 지역처럼 석유가 생산되는 지역은 자원의 우위를 갖고 있다. 기술과 자본, 자원 등의 경제적 불평등이 깊어지면 경제적 신분이 고착화되는 현상이 나타난다. 부자나 부유한 국가는 계속 부유해지고, 가난한 사람이나 국가는 가난의 굴레를 벗어나지 못하는 '양극화 현상'이 발생한다.

양극화 현상은 둘로 나뉜다는 뜻이지만 안을 들여다보면 50 대 50으로 나뉘는 것이 아니라 극히 소수의 가진 자와 대다수의 가지지 못한 자, 이렇게 둘로 나뉜다는 점에서 많은 불행과 비극의 출발점이 된다. 가난해지면 꿈도 가난해진다는 말이 있다. 많은 사람이 가난해지면 인류의 꿈도 쪼그라드는 불행을 피할 수 없게 된다.

인류의 역사에서 가장 성공적으로 꼽히는 정치 제도는 민주 정치이다. 민주 정치의 핵심은 소수가 지배하는 왕정이나 과두 정치와 달리 다수가 참여한다는 점에 있다. 그래서 많은 나라가 민주 정치를 활용하고 있다. 한 사회 내의 경제적 불평등과 국가 사이의 경제적 불평등을 해소하기 위해서는 정치가 그런 것처럼 경제 또한 민주화가 필요하다.

성장의 한계

1968년에 발족한 로마 클럽은 저명한 학자와 기업가, 정치인들이 모여서 인류와 지구의 미래에 대해 연구하고 보고서를 만들어 내는 비영리 연구 기관이다. 이들이 1972년에 발표한 보고서인 「성장의 한계」(The Limits to Growth)는 한마디로 정리하면 경제 성장과 과학에 대한 비판을 담고 있다. 「성장의 한계」에서는 말 그대로 인류가 현대에 이룩한 풍요로운 세계를 더는 지속하기 힘들다고 지적한다.

성장이 힘든 이유로 인구와 식량, 자원, 환경 오염 등을 꼽았다. 산업 혁명 이후 인구는 폭발적으로 늘어나기 시작했다. 인구가 증가하면 그만큼 식량이 필요해진다. 그러나 지구의 면적은 한정되어 있기에 필연적으로 식량 생산은 한계에 부딪칠 것이고 많은 사람이 기아에 시달릴 수밖에 없다.

또한 지구의 한계 때문에 자원의 고갈을 막을 수가 없다. 장애를 가진 과학자로 유명한 스티븐 호킹(1942~2018)의 지적처럼 외계 행성을 개발하지 못한다면 언젠가 인류가 활용할 수 있는 자원 또한 한계에 다다를 수밖에 없다. 식량 생산을 위해 끊임없이 농지를 개발하고 자원을 채굴하면서 자연환경의 파괴와 환경 오염이 점점 심각해지고 있다.

「성장의 한계」는 100년 이내에 인류 경제의 성장이 멈추고 말 것이라며 경고하고 있다. 이 말은 더 이상 지구가 인류에게 안락한 공간이 되지 않을 것이라는 지적이다. 지구에서 새로운 삶을 시작한 우리들에게는 청천벽력 같은 소리가 아닐 수 없다.

게다가 앞에서 언급한 여러 부정적인 요소들은 기하급수적으로 증가하고 있다. 「성장의 한계」에서는 이런 상황을 연못의 연꽃에 비유한다.

"연못에 연꽃이 자라고 있다. 연꽃은 하루에 두 배씩 늘어나는데 29일째 되는 날 연못의 반이 연꽃으로 덮였다. 아직 연못의 반이 남았다고 태연하게 있을 수 있을까? 연못이 연꽃으로 완전히 덮이는 날은 다음 날이다."

연못은 지구이고 연꽃은 위에서 지적한 여러 부정적인 요소들이다. 이 연꽃의 비유는 시간이 그리 오래 남지 않았음을 경고하는 것이다. 달리 말하면 자각을 통한 변화 없이 지금까지 해 오던 대로 살게 되면, 호모 사피엔스부터만 따져도 수만 년이라는 긴 세월 동안 지구에서 살아왔던 인류에게 곧 불행이 닥쳐올 것이라는 경고이다.

한정된 연못에 사는 인류에게 앞으로 닥쳐올 불행을 잘 보여 주는 사례로 나우루 공화국을 들 수 있다. 나우루 공화국은 남태평양의 미크로네시아에 위치한 국가로, 2000년 넘게 전통적인 방식을 지키며 평화롭게 살고 있었다.

나우루 공화국은 1970년대에 세계에서 가장 잘사는 나라 가운데 하나였다. 태평양을 지나는 새들이 배설한 새똥이 오랜 세월 땅에 스며들면서 만들어진 인광석 덕분이었다. 많은 돈을 벌게 된 나우루 공화국은 사람들이 걸어서 다닐 수 있는 정도로 작은 나라였지만 집집마다 여러 대의 차를 보유하고 자가용 비행기로 외국으로 쇼핑을 가기도 했으며, 심지어 축제 때에는 달러로 화장지를 대신할 정도로 호사를 누렸다고 전한다. 그러나 1990년대에 들면서 인광석의 채굴이 크게 줄었고 결국 파산에 이르고 말았다.

그동안에 늘어난 소득으로 90퍼센트에 가까운 문맹률을 개선하고 교육과 사회 기반 시설의 확충을 통해 미래를 대비해야 한다는 주장이 있었지만, 편안하고 안락한 생활에 젖은 사람들이 귀를 기울이지 않았던 것이다. 사실 경제적인 파산보다 더욱 심각한 문제는 사람들의 생활이었다. 30여 년 가까운 시간 동안 일을 하지 않았던 그들은 전통적인 삶의 방식이나 문화를 잃었고 일하는 방법마저 잊어 버렸다. 또 채굴 때문에 섬의 자연환경 또한 깊은 생채기가 나고 말았다. 나우루 공화국이 파산에 이르는 과정은 현재 지구 인류가 걸어가고 있는 과정과 유사하다.

다행히도 최근 나우루 공화국은 자기들이 처한 심각한 상황을 인식하고는 독립 언론을 만들고 정부의 무능함을 극복하기 위한 개혁 정당을 만들어 새로운 생존의 길을 모색하고 있다고 한다.

현대에 들어 지구 인류는 경제를 위해서 많은 것들을 희생

나우루 공화국의 방치된 인광석 폐광 화려했던 나우루 공화국의 전성기가 지나고 고갈된 자연의 모습이 드러났다. 풍요로운 자원이 저주가 되어 돌아왔다.

시켜 왔다. 경제 또는 물질생활은 인류의 삶을 위한 하나의 요소에 불과할 뿐인데 풍요로움을 위해 다른 소중한 것들을 희생시켜 온 것이다.

우리도 「성장의 한계」를 읽으며 지구로 이주한 것이 잘못된 선택인지에 대해 고민하기도 했다. 그러나 지구의 인류가 지금껏 이룩해 온 아름다운 문화와 지혜를 믿기로 했다. 지금껏 그랬던 것처럼 우리를 포함한 지구의 인류는 어려움을 잘 헤쳐 나갈 것이다.

하지만 방심하면 안 된다. 언제 위기가 찾아올지 모른다. 위기는 개인에게 찾아올 수도 있고 사회나 국가에 찾아올 수도 있다. 늘 경제 상황에 대한 흐름을 살피고 경제생활의 원리를 이해하기 위해 애써야 한다. 그래야 사전에 위기를 막을 수 있고, 비록 몰려오는 폭풍우를 막지는 못한다고 해도 미리 준비해서 손실을 최소화하여 위기를 극복할 수 있기 때문이다.

경제생활 십계명

10

홀로 하지 말고 함께 하라

도덕 경제, 공유 경제

개인주의의 유행

우리가 정한 열 번째 계명은 타자라고 불리는 다른 사람과의 관계에 대한 것이다. 인류학자들에 따르면 인류는 행동이나 생각 모두 타자에게 의존하며 살아왔다. 그것이 물건이든 생각이든 서로의 것을 주고받으며 상호 의존적인 관계를 맺었다.

그러므로 '나'라고 하는 개인은 혈통이나 가족, 사회 속에서 의미가 생겼다. 즉, 타자와의 관계 속에서 개인이 존재했다는 뜻이다. 지구의 인류는 다른 사람이 없으면 나도 없다고 생각하며 살아왔다.

그것은 오늘날에도 다르지 않다. 음식을 만드는 사람들, 버스나 전철을 운전하는 사람들, 법을 만드는 사람들 등 수많은 사람이 있기에 밥을 먹을 수 있고 교통수단을 이용하고 다투지 않고 살 수 있다. 즉, 경제는 홀로 할 수 없는 분야이다.

그런데 오늘날 지구에서는 '개인주의'라고 부르는 것이 유행하고 있다. 유행이라고 표현한 것은 개인주의가 예부터 있었던 것도 아니고 지구인 전체가 개인주의를 받아들인 것도 아니기 때문이다.

우리는 개인이 '홀로' 사는 것보다는 다른 사람과 '함께' 사는 생활을 중요하다고 생각해 왔다. 그렇기 때문에 아름다운 고리의 이주민들은 더더욱 이 낯선 개인주의에 대해 잘 이해할 필요가 있다. 지구의 개인주의는 오늘날 지구인의 생각을 지배하는 이념인 자본주의와 밀접한 관련이 있는 만큼, 경제 생활과 깊이 연결되어 있다.

개인주의라는 개념은 국가나 사회보다 개인이 어떤 식으로든 우선한다는 생각이다. 개인주의는 인간의 존엄성과 삶의 중요한 문제를 스스로 결정한다는 점에서 훌륭한 가치라고 할 수 있다.

과거 인류는 국가나 사회, 또는 사회 공동체에 의해 많은 억압을 받았다. 전쟁 등에서 국가나 사회의 이익을 위해 개인이 희생되기도 했고 개인의 삶이 공동체의 결정에 좌지우지되는 경우도 많았다.

그러다가 오늘날에 와서 개인주의가 유행하게 된 것은 인류가 생존하기 위해 다른 사람에게 의존할 필요가 줄어들었기 때문이다. 작게는 오늘 점심에 무엇을 먹을지 음식을 선택하는 일부터 크게는 직업을 선택하는 일까지 인생의 모든 상황에서 자율성이 증가했다.

지구인들 사이에 '결정 장애'라는 말이 유행하는 것도 많은 것에서 개인에게 선택권이 주어져 있다는 반증이다. 사실 식당에만 가도 메뉴판에 있는 많은 음식 가운데 무엇을 선택해야 할지 고민스러울 때가 많다. 비단 음식뿐만 아니라 우리 앞에 놓인 일들을 누가 대신 결정해 주면 좋겠다는 생각이 들 때도 있다. 철학자 키르케고르(1813~1855)의 말을 빌리면 이렇다.

"이것이냐, 저것이냐?"

아니, 이것과 저것에 더해 그것들까지 너무나도 많다.

빵을 만들고 나누기

....

자본주의와 함께 성장한 개인주의의 확산 과정에 대해 어느 인류학자(캐롤 M.코니한)의 연구를 통해서 살펴보자.

이 연구는 지구인의 주식 가운데 하나이고 아름다운 고리의 이주민들도 좋아하는 빵이 주인공이기에 매우 흥미롭다. 예부터 빵을 주식으로 먹은 곳은 지중해와 그 서쪽에 있는 유럽이었다. 이 지역에서 빵은 생존과 부를 의미했다.

"빵을 가지고 있는 사람은 죽지 않는다."

이런 속담이 있을 정도로 빵은 생활에서 가장 중요한 것이었다. 집 안에 빵이 있으면 걱정거리가 없고, 빵을 만드는 밀이 풍년이 들면 좋은 해였다. 빵은 삶의 지표였다.

빵을 만들기 위해서는 빵을 만드는 원료인 밀을 재배해야 한다. 밀의 재배를 맡은 것은 남자였고 그 밀을 밀가루로 만들어 빵을 만드는 것은 여자의 역할이었다. 이렇게 빵으로 남녀의 역할도 나뉘어 있었다.

사람들은 매일 서너 가지의 빵을 만들어 먹었고 명절이나 의례 같은 때에는 수십 가지의 빵을 만들었다. 특별하게 만든 빵은 이웃에게 선물로 주었다. 여자들은 순번에 따라 10~14일마다 빵을 만들었다. 이때 홀로 빵을 만든 것이 아니라 오늘날의 협동조합처럼 여럿이 한자리에 모여 빵을 만들었다. 돌아가며 빵을 만들고 서로 나누었기 때문에 매일 갓 만든 따끈한 빵을 먹을 수 있었다. 가족들은 빵으로 차린 식탁에 모여 이야기를 주고받으며 식사를 했다.

여자들은 빵을 만들면서 사는 이야기부터 생활에 필요한 정보까지 서로 주고받았다. 심지어 누군가의 잘못을 지적하며 그 죄를 판결하기도 하고 용서해 주기도 했다. 마을을 지배하는 규범과 도덕은 이 빵을 만드는 자리에서 만들어진 셈이다.

<빵을 굽는 여인>(1854년)
농민들의 일상을 그린 작품으로 유명한 화가 밀레(1814~1875)가 그린, 빵을 굽는 여인의 모습이다. 빵은 지구상에서 가장 오래된 음식들 중 하나로, 신석기 시대에도 만들어졌다고 전해진다.

또 빵을 굽고 있을 때나 빵을 먹고 있을 때 누군가 찾아오면 반드시 빵을 대접하는 관습이 있었다. 여자들 사이에는 계절이 바뀔 때마다 경쟁적으로 빵을 구워 이웃에게 선물하는 관습도 있었다. 이렇게 빵은 사람들을 이어 주는 매개체 역할을 했다.

그런데 산업 혁명 이후 자본주의의 발달과 함께 기계가 사람의 자리를 차지하기 시작했다. 그러자 밀을 재배하는 사람들의 숫자 역시 줄어들었다. 기계와 산업의 변화에 밀려난 사람들은 산업 지대로 이주해 공장 노동자가 되었다.

남자들이 밀을 재배하지 않게 되자 여자들도 빵을 만들지 않게 되었다. 그 자리를 메운 것이 빵집이었다. 처음에 사람들은 빵을 사서 먹는 것에 부끄러움을 느꼈다. 게으르다고 생각했기 때문이다. 또 가족에게 빵집에서 만들어진 빵을 주는 것에 죄책감을 느꼈다.

그러나 사회 변화에 따라 차츰 빵집이 늘어났고 사람들은 대부분 빵을 사서 먹게 되었다. 그러자 빵을 만들기 위해 토마토를 저장하는 작업이나 올리브를 절이고 무화과를 말리는 일도 하지 않게 되었다. 사람들은 서로 빵을 주고받지 않았고, 빵집은 빵을 대량으로 생산하게 되면서 유통 기간을 늘리려고 방부제를 사용하게 되었다.

한편 빵을 만들지 않게 되면서 남자와 여자가 서로 의존하지 않게 되었고, 밀을 재배하지 않게 되자 지역에 대한 의존성역시 사라졌다. 쉽게 말하면 고향이라고 부를 수 있는 곳이 없어졌다.

집에서 빵을 만들지 않게 되자 부엌과 식탁은 집의 중심에서 멀어졌다. 예전이라면 부엌에서 빵을 만들고 모두 식탁에모여 이야기를 나누며 식사를 했지만, 빵을 사서 먹게 되면서가족들이 만나 식사를 하는 일도 크게 줄었다.

쌀로 만든 밥을 주식으로 하는 아시아 지역도 사정은 다르지 않다. 대만이나 홍콩 같은 곳은 대부분 밥을 사서 먹는다. 편의점이 발달한 일본의 경우 편의점에서 도시락을 사서 먹는 사람들이 빠르게 늘어나고 있다. 오늘날 지구의 사정을 보면 가족이 모두 식탁에 둘러앉아 밥을 먹는 일이 크게 줄어들었다는 것을 알 수 있다.

이 과정에서 개인주의가 강해졌다. 빵이나 밥을 함께 먹는 것은 단지 생존을 위한 영양 섭취가 아니라 식탁을 중심으로 이야기를 나누고 가정 교육이 이루어지는 행위였지만, 오늘날에는 사람이 사라지고 개인과 음식만 남게 되었다.

음식의 맛은 재료에서도 오지만 함께 먹는 사람과의 대화와 그 공간의 분위기에도 크게 좌우된다. 그런데 요즘 지구인들은 사람이 아니라 음식에만 집중하고 있는 듯이 보인다. 심지어 유튜브나 텔레비전에서 먹는 방송(먹방)이 유행하고 있다. 우리는 지구인들이 다른 사람이 먹는 것을 구경하며 좋아하는 모습을 이해하기 힘들다. 어쩌면 개인주의가 강해지면서 영상을 통해 누군가와 함께 먹으려는 마음이 생긴 탓일지도 모른다.

이처럼 빵으로 대표되는 음식 문화에서 사람이 사라졌다. 패스트푸드가 발전한 것도 이 때문이다. 식탁이 쓸모없어지고 사라지면서 그 식탁 위에 떠다니던 즐거운 대화와 행복한 분위기도 사라지고 있다.

아름다운 고리의 이주민들은 음식 자체에 관심을 두지 말고 누구와 함께 먹을지에 관심을 두면 좋겠다. 기쁨은 함께 나누면 두 배가 되고 슬픔은 함께 나누면 절반으로 줄어든다는 말이 있다. 음식도 다른 사람과 함께 나누면 두 배쯤 맛있어진다.

아프리카에는 "혼자 가면 빨리 가지만 함께 가면 멀리 갈 수 있다."는 속담이 있다. 우리는 지구에서 오랫동안 살기 위해 이주했다. 우리가 지구에서 오래 살기 위해서 다른 사람들과 나누고 베풀어야 한다는 것을 잊지 말았으면 좋겠다.

홀로, 함께

지구에서의 즐거운 경제생활을 위한 마지막 계명으로 '함께'를 선택한 것은 지구의 선진국을 중심으로 유행하고 있는 개인주의가 지구인의 경제생활을 위협하고 있다고 생각하기 때문이다.

개인주의 그 자체가 나쁜 것은 아니다. 외부의 강제나 억압에서 벗어나 자기의 개성을 가꾸고 더 자유롭게 살 수 있게 되었다는 점에서 오히려 긍정적이다. 옛날에는 많은 사람이 집에서 정해 준 사람과 결혼을 하고 가족이 정한 직업을 가져야 했지만, 이제는 사랑하는 사람과 결혼할 수 있고 하고 싶은 일을 찾을 수 있다. 이것은 개인주의의 발전과 관련이 있다.

그러나 그것이 경제와 만나 '신자유주의'라는 이름으로 포장되어 지구인의 삶에 악영향을 미치기 시작했다. 판매자 입장에서는 가족에게 하나의 물건을 파는 것보다 가족 구성원 각자에게 물건을 하나씩 파는 것이 더 이득이기 때문이다.

이 논리를 적용하면 사람들이 모이는 것보다는 분리해서 흩어졌을 때 물건을 파는 것이 유리해진다. 사람들 대부분은 자동차를 24시간 내내 이용하지 않는다. 최근에 유행하고 있는 카셰어링처럼 여러 사람이 필요할 때마다 차 한 대를 돌려서 탄다면 자동차 회사 쪽에는 손해가 된다. 여러 명이 모두 자동차를 사게 하는 것이 그들에게는 이익이다. 이때 개인주의는 유효한 논리가 된다.

그러나 개인주의는 개인의 입장에서 보면 불리한 점도 많다. 가족이 함께 살면 하나의 가전제품을 같이 쓰면 되지만 따로 살게 되면 각각 가전제품을 사야 한다. 그것은 비단 물건에만 국한되지 않는다. 가족은 서로 믿을 수 있기에 물건뿐만 아니라 감정을 공유하고 정신적인 유대를 돈독히 할 수 있다. 그러나 낯선 사람들 사이에서 홀로 지내게 되면 감정과 정신적인 유대를 얻기 위해서 별도의 노력과 비용을 들여야 한다.

경제생활은 과거의 인류가 그랬던 것처럼 서로 믿고 함께할 때 훨씬 유리하다. 그렇다고 기왕의 개인주의를 없애고 과거로 돌아가라는 말은 아니다. 참된 개인주의의 토대인 독립적인 태도를 가지고 함께 평화롭고 안전한 경제생활을 해 나갈 방법을 고민해야 한다는 뜻이다.

공유 경제와 도덕 경제

. . . .

이런 고민에서 태어난 것이 공유 경제이다. 공유 경제는 오늘날 경제 민주화와 관련해서 폭넓게 논의되고 있다.

'공유 경제'(sharing economy)는 물건을 개인의 소유가 아니라 함께 사용하는 것으로 만들자는 것이다. 그러니까 물건이나 공간, 서비스 등을 빌리고 나눠 쓰자는 경제 모델이다.

공유 경제가 활성화되면 물건이나 공간 등에 대한 집착에서 자유로워질 수 있다. 이 때문에 2011년에 미국의 유명한 시사지인 〈타임〉이 세상을 바꿀 수 있는 10가지 아이디어 중 하나로 공유 경제를 꼽기도 했다.

여행자들에게 방을 빌려주는 사업인 에어비앤비나 운행하지 않는 차를 이용하는 우버 등도 공유 경제의 개념에서 나온 것이다. 이 서비스들은 이미 많은 사람이 이용하고 있다. 다만 이들이 경제적인 이익을 추구하면서 기존의 상업적인 경제 행위와 다를 바 없어진 것은 아쉬운 일이다.

사실 공유 경제는 경제학에서 출발한 개념이지만 잘 활용하면 경제인류학적 토대를 만들 수 있다는 점에서 주목을 받고 있다. 공유 경제를 통해서 소유하고 있는 물건이나 공간, 서비스 등을 함께 사용하면 유한한 자원을 낭비 없이 효율적으로 이용할 수 있으며, 물질로부터 자유로워질 수 있다. 이를 통해서 경제나 돈보다 인간을 우선하는 인식을 만들어 갈 수 있다.

영국 로치데일에 문을 연 최초의 소비조합 상점 전 세계 협동조합 설립 운동의 아버지로 불리는 로버트 오언(1771~1858)에 영향을 받은 직조공 28명이 1844년에 잉글랜드 최초의 소비자 협동조합을 세웠다. 노동자들의 출자로 일주일에 세 번, 밤에만 개장했던 식품점을 시작으로, 협동 공장과 방직 공장까지 설립하며 소비조합으로서 첫 성공을 거뒀다.

공유 경제의 대표적인 사례는 협동조합이다. 협동조합의 가장 큰 특징은 자본가와 같은 주인이 따로 없다는 점이다. 조합에 가입한 조합원들이 주인이다. 미국의 유명한 통신사인 AP 통신이나 오렌지 주스로 유명한 선키스트, 세계적인 축구 팀 FC 바르셀로나 등이 협동조합 형태의 기업이다.

협동조합은 한 개인이 아니라 조합에 참여한 사람들의 이익을 위해 기업이나 모임을 운영하기 때문에 특정한 사람이 이익을 독점하지 않는다. 또 이익보다는 공동체의 편의를 우선하고, 이익이 생기면 조합원에게 골고루 분배한다.

우리도 아름다운 고리 협동조합을 만들어 볼까도 생각했지만, 진정한 지구인이 되기 위해서는 우리끼리 뭉치기보다 지구인들과 함께하는 것이 좋겠다고 판단하고 그 생각을 접었다.

또 하나, 공유 경제와 함께 주목을 받는 것이 도덕 경제이다. '도덕 경제'(moral economy)는 18세기 말, 역사학자인 톰슨(1924~1993)이 체계화한 생각이다. 이 생각을 구체화한 것은 경제학자 칼 폴라니(1886~1964)였다.

폴라니는 우리가 앞에서 살펴보았던 것처럼, 인류가 교환과 호혜성, 재분배라는 경제 활동을 해 왔는데 오늘날 시장 경제에 의한 교환이 득세했음을 꼬집고 오늘날의 경제가 도덕성이 사라진 불공정한 시스템으로 작동하고 있음을 지적했다. 그리고 2013년, 매년 스위스 다보스에서 개최되는 세계 경제 포럼인 다보스 포럼에서 세계 경제를 살리는 방안의 하나로 도덕 경제를 지목했다.

도덕 경제는 말 그대로 도덕적인 경제, 즉 기본 소득과 같은 기본 생존권의 보장을 통해서 좀 더 인간적인 삶을 추구하겠다는 생각이다. 그러니까 인류가 이룩한 물질적인 풍요를 특정한 소수가 독점하는 것이 아니라 모두가 함께 나누고 누려야 한다는 것이다.

도덕 경제는 경쟁적이고 약탈적인 기존의 경제에서 벗어나 공정함과 평등에 기초한 경제 구조를 만들어 가자는 생각에서 나왔다. 도덕 경제는 인간의 존엄성을 토대로 사회 구성원의 공익을 우선한다는 점에서 우리가 누리고 싶은 지구 경제의 모습과 유사하다.

출발점을 바꾸는 기본 소득

도덕 경제는 경제 민주화를 꿈꾸고 지향한다. 성장이 한계에 이르고 기술의 발달로 노동 환경이 변화하고 있는 오늘날, 경제 민주화를 어떻게 이룰 수 있을까?

정치에 비유해서 생각해 보자.

민주 정치는 많은 사람이 정치에 참여하는 것을 골자로 한다. 민주 정치를 처음으로 고안해 낸 그리스의 경우 시민이라면 누구든 정치에 참여할 수 있었다. 그것도 시험이 아닌 추첨을 통해서 관직에 선발되었다. 그리고 사회적인 문제를 결정할 때는 모든 시민이 참여하는 시민 회의를 통해 결정했다.

경제 민주화 또한 많은 사람에게 경제적인 혜택이 돌아가게 만들어 단지 먹고 살기 위한, 즉 생존을 위한 노동보다는 삶의 만족도를 높이는 노동이 되게 하고 궁극적으로는 경제에 삶이 좌지우지되지 않도록 만드는 것에서 출발해야 한다.

이를 위한 대안으로 제시되는 것 가운데 가장 대표적인 것이 기본 소득이다. 기본 소득은 일하지 않아도 일정한 금액을 기본적으로 제공해 준다는 내용을 담고 있다. 기본 소득은 로봇과 자동화로 인해 일자리가 감소하는 것을 대비해 생겨난 복지이다.

기본 소득은 일자리를 잃은 사람들이나 취업을 준비하는 사람들에게 국가가 돈을 주어 최소한의 경제생활을 할 수 있도록 해 주자는 것이다. 또 장애나 병 때문에 일할 수 없는 사람들도 기본적인 생계를 이어 갈 수 있게 하자는 취지에서 나온 제도이다.

물론 기본 소득에 대해 여러 주장이 엇갈린다. 반대하는 쪽에서는 아무 대가 없이 돈을 주는 것은 노동 의욕을 꺾을 수 있다고 주장한다. 그래서 열심히 일하는 사람들의 사기를 떨어뜨릴 수 있다는 것이다. 그런가 하면 기본 소득은 자산의 유무와 관계없이, 그러니까 부자와 가난한 사람 모두에게 제공된다는 점에서 문제가 있다는 지적도 있다.

이러한 부정적인 의견이 있음에도 기본 소득에 관심을 가져야 하는 것은 미래 사회의 부정적인 전망을 해소하는 방법으로 적합하기 때문이다.

기본 소득을 실험한 알래스카와 나미비아의 사례를 살펴보자. 미국에 속해 있는 알래스카에서 석유가 발견되었다. 미국 정부는 석유를 채굴해서 얻은 돈을 어떻게 할 것인지 고민하다가 알래스카 주민들에게 나눠 주기로 했다. 1982년부터 1년 이상 알래스카에 거주한 사람이면 모두가 이 혜택을 받았다. 석유 채굴과 그에 필요한 비용 등을 빼고 남은 순이익을 알래스카 주민에게 모두 나눠 주기로 한 것이다. 액수는 매년 달라지고 5년 이상 알래스카에 거주한 사람으로 지급 대상이 바뀌기는 했지만, 오늘날에도 이 사업은 계속된다. 이런 이유로 알래스카는 미국에서 경제적으로 가장 평등한 주로 손꼽힌다.

아프리카 남서부의 나미비아라는 나라에서도 기본 소득의 실험이 있었다. 이 나라는 1990년에 독립한 나라로 인구는 200만 명이었다. 2년 동안 기본 소득 프로젝트를 실시했는데 실업률이 떨어지고 지독한 빈곤도 크게 해소되는 성과가 있었다.

기본 소득의 장점은 뚜렷하다. 만약 생활에 필요한 최소한의 돈이 모두에게 지급된다면 평소에 해 보고 싶었던 일을 할 수 있다. 단지 돈을 벌기 위해 아르바이트하거나 노동을 하는 것이 아니라 최소한의 생활을 하면서, 예컨대 그림이나 음악, 소설 쓰기 등을 통해 화가나 가수, 소설가를 꿈꾸며 당장 금전적인 효과가 발생하지 않는 일에 매달려 볼 수 있다.

기본 소득을 받는다면 온종일 아무것도 하지 않고 고양이와 놀 수도 있고, 실컷 책을 읽거나 음악을 들을 수도 있다(물론 먹는 것을 줄여야겠지만). 아니면 그 돈으로 한 달에 한 번씩 친구들과 멋진 파티를 열거나 함께 여행을 다닐 수도 있다.

실제로 기본 소득 실험을 했던 어느 핀란드의 참가자는 2년 동안 기본 소득을 받으면서 책을 2권이나 출판했다. 참가자 대부분은 일정한 소득이 있다는 점 때문에 행복감과 안정감을 느꼈다고 대답했다.

달리 말하면 미래에 대한 희망과 꿈을 꿀 수 있다는 말이다. 이들 가운데 소수라도 성공한다면 사회가 거둘 수 있는 경제적 가치는 크게 올라간다. 오늘날 영화나 소설 한 편이 세계적으로 성공했을 때 거둬들이는 수입은 막대하다. 그 싹을 키우기 위해서도 기본 소득은 필요한 것이다.

기본 소득에 대한 생각은 오래전부터 있었다. 17세기의 프랑스 사상가였던 몽테스키외(1689~1755)도 기본적인 생존을 위한 기본 소득에 대해 자신의 생각을 세상에 내놓은 적이 있다. 또 시간을 거슬러 올라가면 서양을 대표하는 세력이었던 로마는 이른바 '빵과 서커스'라고 불리는 정책을 시행했다. 시민들에게 무상으로 빵(먹을 것)을 제공하고 오락거리인 서커스(검투사)를 제공했다.

기본 소득의 장점은 노동 선택의 자유로움에서 그치지 않는다. 생존을 위한 기본 소득이 생기면 봉사나 환경 보호 같은 당장 돈으로 환산되지 않는 노동이 활성화될 수 있다. 그리고 사용할 수 있는 돈이 생기면 물건을 살 수 있는 구매력이 확대되기 때문에 경제가 성장하는 데에도 도움이 된다.

핀란드에서는 2015년부터 기본 소득 도입을 검토하고 2017년에 2000명을 선정해서 기본 소득을 지급하는 실험을 시작했다. 2016년에는 스위스에서 기본 소득에 대해 국민의 의견을 묻는 국민 투표를 했다. 2016년 6월에는 뉴질랜드의 오클랜드시에서 주민 100명에게 매달 2000달러를 지급하는 기본 소득에 대한 실험을 시작했다. 이 밖에도 여러 곳에서 기본 소득에 대한 논의와 실험이 계속되고 있다.

물론 모든 사람에게 돈을 지급하려면 그 돈이 어디서 나올지 궁금할 것이다. 기본적으로는 사람들이 내는 세금에서 충당이 되어야 할 텐데, 그러면 세금 부담이 크지 않을까 걱정도 될 것이다. 하지만 지구에서 1년 군사비로 쓰이는 돈만 약 2000조 원에 이르고 있다. 스톡홀름국제평화연구소의 발표에 따르면 2016년 세계 군사비는 정확하게 1930조 4400억 원이었다. 서로 믿지 못해서 쓰는 비용이 이렇게나 많다. 이렇게 지출하는 비용을 잘 운용하면 인류는 지금보다 훨씬 나은 삶을 살 수 있지 않을까?

기본 소득의 가장 큰 장점은 그것이 민주적이라는 것이다. 소수가 아닌 더 많은 사람을 위한 정책이라는 점에서 앞으로 닥쳐올 부정적인 미래 사회의 훌륭한 대안이 될 수 있다.

함께 사는 아름다운 지구

지구의 인류는 오랫동안 상호 의존적인 삶을 살아왔다. 이렇게 서로 무엇인가를 주고받으며 살던 생활에 큰 변화가 생긴 것은 산업 혁명과 자본주의 이후의 일이다.

서로에게 빚을 지며 주고받던 선물과 부채 시스템이 약해지고, 물물 교환이 돈과 물건을 교환하는 시장 교환으로 바뀌는 과정에서 개인주의도 나타났다.

마르셀 모스는 『증여론』이라는 책에서 사람들 사이의 결속을 위한 선물의 중요성을 강조하며, 오늘날의 대표적인 교환인 시장 교환이 여러 인간관계의 분열을 초래한다고 지적했다.

오늘날 지구인 사이에서 선물과 부채 시스템이 약해지면서 서로를 이어 주던 고리가 끊어지거나 약해졌다. 이 과정에서 사람들은 분리되기 시작했다. 사람들이 분리되면 구별이 생기고, 구별에서 다시 차별이 생겨난다. 지구인들을 고통에 빠뜨렸던 인종 차별과 남녀 차별 등이 이렇게 태어났다. 자본주의(특히 신자유주의)와 개인주의가 만연된 곳에서 유독 '혐오'가 많은 것도 이런 차별에서 말미암은 것이다.

우리는 이주 초기에 지구인들의 혐오와 차별을 보며 경악했다. 우리가 보기에 다를 것이 하나도 없는데 서로 차이를 만들어서 차별하고 혐오하는 모습은 어처구니가 없을 정도였다. 과격한 주민은 뛰어난 과학 기술을 이용해서 지구인들을 혼내 주어야 한다고 주장하기도 했다.

"사람이 어떻게 사람을 차별하고 혐오할 수 있지?"

차별하고 혐오하는 논리 또한 논리라고 부를 수 없을 정도로 허술했다. 남자가 여자보다 더 뛰어나지 않다(물론 여자가 남자보다 뛰어나다는 말은 아니다). 백인이 흑인보다 뛰어나지 않다. 나이가 많다고 뛰어나지 않다. 그 반대도 마찬가지이다.

다 같은 인간이다. 모두 애쓰며 살아가고 있다.

우리는 화를 가라앉히고 지구에 왜 차별과 혐오가 만연하게 되었는지 조사했다. 그 결과 돈과 경제가 큰 영향을 미쳤음을 알게 되었다. 돈과 경제가 권력을 갖게 되면서 돈이 많은 사람이나 지역에서 그렇지 못한 사람과 지역을 차별하고 혐오를 조장했다.

돈은 삶을 행복하게 살기 위한 수단에 불과한데 돈으로 사람을 평가하고 나누는 것은 미개한 짓이다. 경제적으로 부유한 사람이나 사회가 반드시 행복한 것은 아니다. 행복 지수가 높은 곳 가운데 경제적으로 가난해도 여러 사람이 함께 즐거움이나 슬픔과 같은 인간적인 감정을 나누며 사는 사회가 많다.

왜일까?

우리는 그들 사회가 돈이나 경제를 삶의 잣대로 삼지 않기 때문이라고 생각한다. 그래서 구별이 심하지 않고 사람들을 괴롭히는 차별과 혐오가 적은 것이 아닐까.

이런 면에서 도덕 경제와 기본 소득은 앞으로의 경제생활에 매우 중요해질 것이다. 돈보다는 인간을 중심으로 생각하는 도덕 경제와, 실제로 생활에 필요한 최소한의 돈을 주어 인간다운 삶을 추구할 수 있도록 도와주는 기본 소득은 우리를 포함한 지구인의 삶을 바꿀 수 있을 것이다.

우리 아름다운 고리의 이주민들은 지구에서 행복한 삶을 누리고 싶어 한다. 행성이 수명을 다해 자연이 파괴되어 거친 환경에서 살아야 했던 우리는 지구에서 안락하고 평온한 삶을 살고 싶다. 지구인들과 맛있는 음식을 먹으며 웃음이 넘치는 즐거운 대화와 위로를 나누며 살고 싶다. 우리는 그것이 아름다운 생활이라고 믿는다. 그것이 아름다운 경제생활이라고 생각한다.

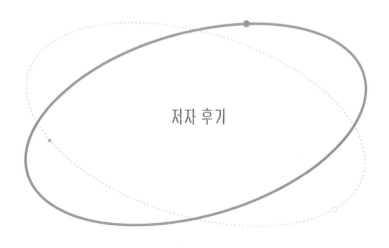

저자 후기

'만약 외계인들이 지구에서 살게 되면 어떻게 될까?'

이 글은 위의 물음에 답하기 위해 아름다운 고리에 사는 외계인들이 등장하는 두 번째 책입니다. 이번에 다루는 주제는 경제입니다. 첫 번째 책에 이어 외계인을 등장시킨 이유는 타자의 눈을 통해 우리의 모습을 살펴본다는 문화인류학의 방법에 따른 것입니다.

우리의 눈은 바깥으로 향해 있기에 타자라는 거울이 없으면 자기의 진짜 모습을 볼 수 없습니다(눈을 가운데로 모으면 코끝은 보이겠지만 자칫 외계인처럼 보일지도 모릅니다). 이 책에서 우리의 모습을 비춰볼 수 있는 거울 역할을 하는 타자가 아름다운 고리의 외계인 이주민들인 셈이지요.

오늘날 우리의 경제생활을 주도하는 시장경제가 여러 문제를 노출하면서 한계를 드러내고 있습니다. 현 시장경제 체제에서 많은 사람이 돈 때문에 고통을 받습니다. 굶주리는 아이들과 폐지를 주워 근근이 생계를 이어가는 노인들이 늘어나고, 심지어는 목숨을 끊는 사람도 있습니다.

뭔가 새로운 해결책이 필요한 때입니다. 이럴 때 지구의 경제 시스템에 익숙한 우리보다 외계인이라는 타자의 시선을 통해 우리의 모습을 보면 도움이 되겠지요.

따라서 외계인의 보고서 형태를 띠고 있지만, 이 글의 목적은 우리가 스스로의 모습을 성찰해 보는 것입니다. 즉, 고대부터 현재까지 인류가 해 왔던 경제생활을 더듬어 살펴보고 우리 경제생활의 본질과 그 참된 모습을 알아보려는 거지요. 경제인류학은 '경제학'이 아닌 이렇게 예부터 이어진 경제생활을 다루는 영역입니다.

흔히 인간 생활의 가장 기본적인 요소로 의식주를 꼽습니다. 의식주는 추위를 이기거나 몸을 보호하기 위한 옷과 생존을 위해 꼭 필요한 음식, 쉬거나 잘 수 있는 집을 가리키는 말입니다. 옷과 음식, 집은 물질적인 요소입니다.

인류 문화의 가장 중요한 목적 가운데 하나는 이런 사람들의 물질적 욕구를 충족시키는 일입니다. 즉, 기초가 되는 물질 생활에 맛과 멋과 같은 가치를 더한 물질적 욕구의 만족이 문화의 핵심이라는 말이지요.

인류는 오랜 시간 동안 문화라는 거대한 시스템을 통해서 물질적 욕구를 채우기 위해 애썼습니다. 오늘날 우리가 누리고 있는 물질적인 풍요는 이런 노력에 대한 보상입니다.

그러나 한편으로 인류가 지닌 물질적 욕구는 어느 순간에 이르면 폭주하는 경향이 있습니다. 그것을 달리 탐욕이라고 부릅니다. 탐욕은 비유하면 어디로 갈지도 정하지 않은 채 주변도 아랑곳하지 않고 무작정 빠른 속도로 질주하는 자동차와 같습니다.

인류 문화는 이런 탐욕을 경계하기 위해 여러 제동장치를 마련해 두었습니다. 문화는 애초에 인류의 행복을 위한 것인데 욕망의 노예가 되어서는 안 되기 때문이지요.

만지는 것이 모두 금이 되게 해 달라고 빌었다가 결국 딸까지 금으로 만든 그리스 신화에 나오는 미다스 왕의 이야기처럼 물질은 아름다운 인간관계를 해치기도 합니다. 물질은 즐거운 인간관계를 비롯한 인간의 행복을 위한 수단일뿐 목적이 아니라는 말이지요.

이렇게 욕구를 넘어선 탐욕을 경계하기 위해 인류가 고안해 낸 대표적인 제동장치가 본문에서 소개한 부채와 교환 시스템입니다. 오늘날 우리는 거래와 교환의 번거로움과 불편함을 크게 줄인 시장경제의 시대를 살고 있는데, 그 대신에 불평등을 비롯한 많은 문제를 잉태했습니다. 사람들의 편리를 위해 자연을 파괴한 대가로 온난화와 같은 기후 변화가 생겨난 것처럼 말입니다.

이 지점이 경제학과 경제인류학의 경계입니다. 경제인류학은 경제가 인류의 여러 삶의 모습 중 하나일 뿐이라는 생각에서 출발합니다. 경제는 교육과 의료, 정치, 종교 등 인류의 삶을 지탱하는 여러 기둥 가운데 하나이고 실제로 어느 하나만 부족해도 삶이 불편해집니다. 경제를 위해 의료를 희생하면 (의료민영화가 대표적인 사례입니다) 돈이 없어 병원을 찾기 힘든 경우가 생길 것이고, 부자일수록 더 많은 교육을 받을 수 있는 사교육 시스템이 강해지면 개인의 경제력 만큼 교육 격차도 더욱 벌어지겠지요. 자본이 최우선이 된 오늘날의 시장경제는 이러한 문제점을 해결해 주지 않습니다. 그래서 그 한계점을 넘어서 경제와 사람의 삶을 함께 키워 나갈 새로운 관점이 필요합니다.

다행스럽게도 현재 세계의 많은 사람이 이런 문제에 공감하며 함께 고민하고 의견을 나누고 있습니다. 그 속에는 경제학자와 문화인류학자를 비롯한 다양한 분야의 사람들이 있습니다. 본문에서 아름다운 고리의 외계인이 말한 것처럼 인류는 언제나 그랬던 것처럼 문제를 해결하고 새로운 세상을 만들어 가겠지요.

이 글은 레고를 조립하듯 많은 사람의 생각을 모은 것입니다. 물론 외계인도 블록을 쌓았습니다. 이제 여러분의 차례입니다.

2019년 3월

이경덕

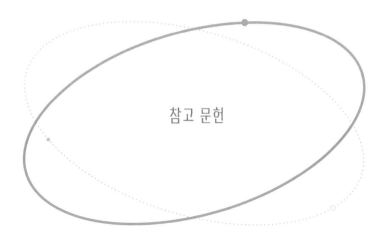

참고 문헌

• 게오르그 짐멜, 김덕영 옮김『돈의 철학』길, 2013.

• 노명우,『프로테스탄트 윤리와 자본주의 정신』사계절, 2008.

• 노암 촘스키, 한상연 옮김『자본주의와 그 적들』돌베개, 2011.

• 댄 애리얼리, 장석훈 옮김『상식 밖의 경제학』청림, 2008.

• 더글러스 러시코프, 오준호 옮김『보이지 않는 주인』웅진지식하우스, 2011.

• 데이비드 그레이버, 서정은 옮김『가치이론에 대한 인류학적 접근』그린비, 2009.

• 데이비드 그레이버, 정명진 옮김『부채, 그 첫 5000년』부글북스, 2011.

• 도넬라 H. 메도즈·데니스 L. 메도즈, 요르겐 랜더스, 김병순 옮김『성장의 한계』갈라파고스, 2012.

• 로버트 B. 라이시, 안진환·박슬라 옮김『위기는 왜 반복되는가』김영사, 2011.

• 로버트 D. 퍼트넘, 정승현 옮김『나 홀로 볼링』페이퍼로드, 2009.

• 리처드 로빈스, 김병순 옮김『세계문제와 자본주의 문화』돌베개, 2014.

- 리처드 R. 윌크 · 리사 C. 클리젯, 홍성흡 · 정문역 옮김『경제인류학을 생각한다』 일조각, 2010.

- 마셜 살린스, 박충환 옮김『석기시대 경제학』한울아카데미, 2014.

- 마이클 샌델, 안기순 옮김『돈으로 살 수 없는 것들』와이즈베리, 2012.

- 문소영,『그림 속 경제학』이다미디어, 2014.

- 에르베 켐프, 정혜용 옮김『지구를 구하려면 자본주의에서 벗어나라』서해문집, 2012.

- 오리오 기아리니, 김무열 옮김『노동의 미래(로마클럽보고서)』동녘, 1999.

- 와타나베 이타루, 정문주 옮김『시골 빵집에서 자본론을 굽다』더숲, 2014.

- 임승수,『원숭이도 이해하는 자본론』시대의창, 2012.

- 장 보드리야르『소비의 사회』문예출판사, 1992.

- 장 지글러, 양영란 옮김『탐욕의 시대』갈라파고스, 2008.

- 제임스 C. 스콧『농민의 도덕경제』아카넷, 2004.

- 제프리 잉햄, 홍기빈 옮김『돈의 본성』삼천리, 2011.

- 찰스 아이젠스타인, 정준형 옮김『신성한 경제학의 시대』김영사, 2015.

- 카와무라 아츠노리, 김경인 옮김『엔데의 유언』갈라파고스, 2013.

- 칼 폴라니, 홍기빈 옮김『거대한 전환』길, 2009.

- 파군도 알바레도 · 토마 피케티 · 이매뉴얼 사에즈 · 뤼카 샹셀 · 게이브리얼 주크먼, 장경덕 옮김『세계 불평등 보고서2018』글항아리, 2018.

- 페르낭 브로델, 김홍식 옮김『물질문명과 자본주의 읽기』갈라파고스, 2012.

- 페이르 클라스트르, 홍성흡 옮김『국가에 대항하는 사회』이학사, 2005.

- 피에르 부르디외, 최종철 옮김『구별짓기』새물결, 2005.

- Marcel Mauss, *Essai sur le don*, 1925.

- Max Weber, *Die protestantische Ethik und der 'Geist' des Kapitalismus*, 1905.

어느 외계인의 인류학 보고서-경제 편
행복한 지구 생활을 위한 경제생활 십계명

2019년 4월 5일 1판 1쇄
2020년 1월 23일 1판 2쇄

지은이 이경덕

편집 정은숙, 박주혜   디자인 홍경민
마케팅 이병규, 양현범, 이장열 제작 박흥기 홍보 조민희, 강효원
인쇄 코리아피앤피   제본 J&D바인텍

펴낸이 강맑실   펴낸곳 (주)사계절출판사
주소 10881 경기도 파주시 회동길 252
전화 031)955-8558, 8588   전송 마케팅부 031)955-8595 편집부 031)955-8596
홈페이지 www.sakyejul.co.kr   전자우편 skj@sakyejul.co.kr
블로그 skjmail.blog.me   페이스북 facebook.com/sakyejul   트위터 twitter.com/sakyejul

© 이경덕 2019

ISBN 979-11-6094-450-1 43300

이 도서의 국립중앙도서관 출판시도서목록(CIP)은 e-CIP 홈페이지(http://www.nl.go.kr/ecip)와
국가자료공동목록시스템(http://www.nl.go.kr/kolisnet)에서 이용하실 수 있습니다.
(CIP2019010669)